INSTRUCTIONS

POUR

LES GARDES-MALADES.

INSTRUCTIONS
POUR
LES PERSONNES
QUI GARDENT
LES MALADES.

Ouvrage utile à toutes les Familles.

Il ne suffit pas que le Médecin fasse ce qu'il convient; il faut encore qu'il soit secondé par le Malade & par les personnes qui le gouvernent.

Hipp. liv. 1. Aph. 1.

A AMSTERDAM.

M DCC. LXXVII.

AVERTISSEMENT.

L'Art de gouverner les Malades, en l'absence des Médecins, est un de ceux que l'on a négligés, au grand préjudice de la vie des hommes. On s'en est tenu, jusqu'à ce jour, à des instructions verbales, toujours insuffisantes, & presque aussi promptement oubliées que reçues. On n'a même rien dit, à ce sujet, dans ce grand nombre d'Ouvrages, où il semble qu'on auroit dû tout prévoir, puisqu'ils ont été faits en faveur des personnes charitables, & de celles qui sont reléguées dans des campagnes, ou dans des contrées dépourvues de Médecins ou de Chi-

rurgiens. Ce ſilence eſt d'autant plus ſurprenant, qu'il n'eſt point de Praticien, qui ne ſoit convaincu de l'indiſpenſable néceſſité des Gardes, & de leur influence dans les ſuccès de l'Art de guérir. J'oſe encore aſſurer qu'il n'en eſt point, qui n'ait été témoin des accidens ſans nombre, & quelquefois des morts précipitées, auxquelles ont donné lieu des condeſcendances aveugles, des complaiſances meutriéres, des routines abſurdes, des préjugés ridicules; l'ignorance enfin des perſonnes qui rempliſſoient l'importante fonction de Garde-malade, ſoit par état, ſoit par attachement.

C'eſt dans la vue de dimi-

nuer le nombre de ces malheurs, que j'ai osé entreprendre cet Essai d'Instruction, dans lequel je me suis attaché à indiquer purement & simplement ce que les Gardes doivent faire, pour seconder avec efficacité les vues des MINISTRES de la NATURE.

Je crois inutile de demander grace pour les détails souvent minutieux dans lesquels je suis entré, ainsi que pour la maniére dont je les ai présentés. Toute personne judicieuse s'appercevra aisément, que cet Ouvrage étant fait pour toutes les classes de Citoyens, j'ai dû me mettre à la portée du plus grand nombre; sans cette attention, j'aurois manqué mon but.

INSTRUCTIONS
POUR
LES PERSONNES
QUI GARDENT
LES MALADES.

PREMIÉRE PARTIE.

CHAPITRE I.

Qualités néceſſaires aux Gardes-malades.

LES Perſonnes qui ſe deſtinent aux ſoins dés Malades, doivent être d'une bonne conſtitution, afin de pouvoir réſiſter aux fatigues inſéparables de cet état. Il faut qu'elles aient beaucoup de douceur dans les paroles & dans les actions; cette qualité ne doit cependant point dégénérer en foiblesse, ni conduire à aucune indulgence dans l'exécution de ce qui aura été prescrit. Fermes, sans être insensibles, elles joindront l'adresse à l'intelligence, la mémoire à la bonne volonté, la discrétion à la prévenance : il faut en outre qu'elles aiment la propreté, qu'elles soient vigilantes & sobres.

CHAPITRE II.

Devoirs des Gardes-malades.

SE tenir près des Malades, prévenir leurs volontés lorsqu'elles ne leur seront pas nuisibles, les aider dans leurs fonctions, les changer dans le besoin, les tenir propres, les couvrir ou les découvrir à propos ; exécuter ponctuellement les ordonnances & les conseils des Médecins & des Chirurgiens, ne pas souffrir qu'on y faſſe le moindre changement ; tenir un état des événemens bons ou mauvais qui ſurviendront pendant la maladie, afin de pouvoir en rendre un compte exact ; éloigner les compagnies trop nombreuſes, & les fréquentes viſites ; garder un ſecret inviolable ſur les choſes qui l'exigent ; ne parler que par néceſſité ; conſoler les Malades de tems en tems, ſans les importuner ; ranimer leur eſpérance en peu de mots, lorſqu'ils paroiſſent s'abandonner au chagrin ; réſiſter avec fermeté à leurs deſirs ou à leurs demandes, lorſqu'elles pourroient leur être déſavantageuſes ; leur montrer avec douceur les dangers auxquels on les expoſeroit en acquieſçant à leurs ſollicitations.

Voilà quelle doit être l'occupation des Gardes ou des perſonnes qui en font les fonctions. Les détails dans leſquels je vais entrer, leur apprendront de quelle maniére elles doivent ſe conduire pour concourir au rétabliſſement de la ſanté.

Je crois inutile de leur prouver par des faits, que le moindre oubli, la moindre négligence, le moindre changement dans l'exécution des ordonnances, peuvent cauſer les maux les plus affreux, & même la mort. Quels reproches n'ont pas à ſe faire, celles que de pareilles fautes ont rendues homicides ?

CHAPITRE III.

De la Chambre des Malades.

Il faut, autant qu'il eſt poſſible, que la chambre des Malades ſoit ſituée dans un bon air, éloignée de tout bruit, des riviéres, des marais, des mares, ou de quelqu'autres lieux infects; qu'elle ſoit expoſée au nord dans l'été, & au midi dans l'hiver; qu'elle ſoit cloſe, qu'il n'y exiſte aucunes mauvaiſes odeurs; qu'elle ſoit très-ſéche. Les chambres les plus grandes & les plus aërées sont préférables à celles qui sont petites & où il n'y a qu'une croisée. Il est inutile de faire observer, qu'une chambre excessivement grande, qui seroit bonne dans l'été, ne conviendroit pas dans l'hiver, par la difficulté qu'il y auroit de donner à l'air qu'elle contiendroit, la température convenable. La cheminée doit être en pierre, & non en tôle. Il ne faut point se servir de poëles, quand même ils seroient de faïance. On sçait que rien n'est plus incommode qu'une cheminée qui fume : on tâchera donc de se mettre à l'abri de cet inconvénient.

Si l'on ne peut pas trouver dans la maison des Malades une chambre qui réunisse toutes ces conditions de salubrité, & qu'il soit impossible de les transporter ailleurs ; on sent qu'alors il n'y a rien de mieux à faire, que de prendre celle qui ſe rapprochera le plus des qualités dont je viens de parler.

Le choix de la chambre une fois fait, il faudra y porter tout ce qui ſera néceſſaire au Malade ; faire le lit & le garnir comme il ſera dit au *Chapitre ſuivant* ; allumer du feu ſelon la ſaiſon, & mettre chaque choſe à ſa place, afin que le Malade une fois couché puiſſe être tranquille, qu'il n'entende ni aller ni venir : ce qui inquiette les uns, & impatiente les autres.

Les choſes néceſſaires à un Malade, & qui doivent être dans ſa chambre à portée de la Garde, ſont les ſuivantes :

Un pot-de-chambre, un chaiſe-percée garnie de ſon pot, une urinoire, un baſſin, une ſéringue avec toutes ſes dépendances, une couple d'écuelles, autant de verres & de taſſes avec leurs ſoûcoupes ; de l'eau propre ; des mouchoirs, des ſerviettes, des chemises ; tout ce linge doit être blanc & très-sec. Il faut en outre une ou deux couvertures ou couvre-pieds, des oreillers pour différens usages qui dépendront des cas, des circonstances où un Malade peut se trouver, & qu'il n'est pas possible de prévoir.

La tisane & les autres remèdes, qui devront être pris chauds, seront près du feu, afin de les entretenir dans un dégré de chaleur modéré. On mettra aussi aux coins du foyer, l'urinoire, le bassin ou le pot-de-chambre.

L'on placera sur une table, près le lit du Malade, les médicamens qui devront être pris froids, les gobelets, les tasses, les écuelles, un papier, sur lequel on écrira les événemens bons ou mauvais qui surviendront dans l'intervalle des visites du Médecin ou du Chirurgien.

On ne brûlera dans la chambre du Malade aucune chose qui ait de l'odeur : les fleurs mêmes les plus ſuaves en ſeront bannies, ſurtout lorſqu'il ſera queſtion de gouverner des femmes en couche ou des perſonnes vaporeuſes. On n'y ſouffrira ni réchauds pleins de feu, ſous quelque prétexte que ce puiſſe être, ni chauffe-pieds, ni couvêts, &c. Les lampes en ſeront exclues; on ne multipliera point le nombre des flambeaux, & on évitera de les expoſer à la vue du Malade.

Quant à la température de la chambre des Malades, elle eſt aſſez univerſellement fixée au dix-ſeptiéme dégré du thermomètre de M. de Reaumur, ou au ſoixante & dix de celui de Fahrenheit (*). Mais comme les dégrés de chaleur ſont relatifs aux conſtitutions, & qu'il y a des hommes qui, quoique nés dans le même pays, ſe trouvent incommodés d'un dégré de chaleur, que

(*) Joſ. Quarin, Méthode de traiter les fièvres. Vienne, 1772.

d'autres reſſentent à peine : je crois qu'il eſt plus à propos de conſulter le Malade, & le genre de maladie dont il eſt attaqué. En général, il faut éviter l'air trop chaud ou trop froid ; c'eſt une erreur, malheureuſement trop accréditée, de croire qu'il faut tenir un Malade dans une étuve. Au reſte le Médecin pourra régler à ſa premiére viſite le dégré de chaleur qui conviendra à ſon Malade, & l'on aura ſoin de l'entretenir ; car rien n'eſt plus nuiſible, que le paſſage du chaud au froid & du froid au chaud.

Il eſt de la derniére importance que le Malade reſpire un air pur ; c'eſt pourquoi il ne faudra rien négliger pour le lui procurer. On y parviendra en le renouvellant, en le corrigeant, & en empêchant qu'il ne s'infecte.

Lorſqu'on voudra renouveller l'air, on laiſſera les portes & les fenêtres ouvertes autant de tems qu'il ſera néceſſaire. Ce renouvellement pourra avoir lieu à toutes les heures du jour, quand la nécessité l'exigera ; mais lorsqu'on sera maître de choisir le moment le plus favorable, on préférera dans l'été le matin & le soir, & dans l'hiver on profitera du moment où le froid sera moins vif, qui est ordinairement depuis midi jusqu'à une heure. Si le Malade étoit en sueur, ou s'il avoit quelqu'éruption, il ne faudroit agir que par l'ordonnance du Médecin.

Si le renouvellement d'air ne suffit pas pour chasser la mauvaise odeur de la chambre du Malade, il faudra y brûler quelques substances aromatiques, ou l'arroser de quelques eaux odoriférentes ; on pourra encore y faire évaporer du vinaigre en le répandant sur un fer rouge. Le Médecin indiquera les substances auxquelles on pourra donner la préférence.

On aura soin de tenir la chambre du Malade très-propre, de faire vuider & nétoyer bien exactement la chaise-percée, les pots-de-chambre, l'urinoire; de mettre dehors tous les linges sales, & de reléguer dans un appartement voisin tous les composés qui auroient des odeurs fortes ou désagréables: au moyen de ces précautions, l'air s'infectera moins promptement.

CHAPITRE IV.

Du Lit des Malades.

Il est plus salutaire pour les Malades de coucher sur un matelas, que sur un lit de plume (*). Il est même des cas où une paillasse seule est préférable: tels sont ceux d'hémorrhagies, de fiévres ardentes, &c.

Les draps seront très-propres: c'est une erreur de croire qu'il

(*) *Differt. Phys. sur les inconvéniens des lits de plume. Berlin in-8°, 1772.*

y a du danger à se servir de ceux qui sont blancs de lessive ; ils ne sont mal-sains qu'autant qu'ils ne sont pas bien secs.

Une seule couverture suffira, à moins que le Malade ne soit accoutumé à être très-couvert, ou qu'il ne soit dans le tems d'un frisson, ou enfin que l'appartement ne soit trop froid ; mais il faudra bien prendre garde de ne tomber dans aucun excès. J'insiste sur cet article, parce qu'on croit communément, mais à tort, qu'il faut qu'un Malade soit très-couvert. Les sueurs ou les abondantes transpirations qui résultent de cette mauvaise pratique, sont presque toujours funestes à ceux que l'on traite de la sorte. (*)

Je crois pouvoir me dispenser d'indiquer la maniére de bien faire un lit ; mais je dois avertir les Gardes qu'il est des Malades, qui exi-

(*) *Dissert. Phys. sur les inconvéniens des lits de plume. Berlin in-8°. 1772.*

gent que leur lit ſoit fait différemment qu'à l'ordinaire. C'eſt ici le cas d'avoir égard à une mauvaiſe habitude, qui ne pourroit être changée ſans qu'il en réſultât un plus grand mal.

De quelque maniére qu'on faſſe le lit, il ſera toujours bon de le garnir : pour cet effet on mettra ſur le milieu du matelas une toile cirée, que l'on recouvrira d'un drap. On aura un linceul plié en quatre ou en ſix dans ſa longueur, que l'on poſera tranſverſalement ſur le premier drap, vis-à-vis de la toile cirée : on mettra encore ſur ce premier drap, & en travers, une ſerviette pliée en trois dans ſa longueur ; elle doit être placée de maniére qu'elle ſoit vis-à-vis les reins du Malade, qu'elle ſerve à le ſoulever, lorſqu'on voudra ôter de deſſous lui la portion de linceul qui aura été ſalie.

Il ſeroit bon que les rideaux du lit fuſſent toujours ouverts ; mais comme il y a des Malades qui ne dormiroient pas s'ils n'étoient bien exactement enfermés, il faudra encore se prêter à cette habitude, quelque mauvaise qu'elle soit, mais pour le tems du sommeil seulement.

CHAPITRE V.

Du Régime des Malades.

PAR régime on entend un choix que l'on fait dans la qualité & dans la quantité des choses que nous nommons non-naturelles. Qui sont au nombre de six : sçavoir, l'air ; les alimens & les boissons ; le mouvement & le repos ; les passions de l'ame ; le sommeil & la veille ; enfin, les évacuations auxquelles le corps est sujet.

Chacune de ces choses exige des attentions particuliéres de la part des Gardes. On verra dans les Chapitres suivans en quoi elles consistent.

Tout ce qui a rapport à l'Air

ayant été traité dans le *Chapitre III*, qu'il faut consulter, je passe à la seconde partie du régime.

CHAPITRE VI.

Des Alimens.

C'EST au Médecin à prescrire les alimens qui conviennent à son Malade. Comme ce choix dépend de mille circonstances qu'il ne doit pas ignorer, je me dispenserai d'entrer dans tous les détails, qu'éxigeroit cette matiére. La Garde se conformera très-exactement aux ordonnances qu'elle aura reçues à ce sujet, & elle n'aura aucun égard aux sollicitations réitérées du Malade ou des assistans : plus ses instances seront vives, plus il faudra se tenir sur ses gardes, pour empêcher que quelques personnes officieuses, comme il ne s'en trouve que trop, ne lui glissent quelques alimens. Il est du devoir de la Garde de visiter de tems en tems le lit du Malade, ſur-tout lorſqu'elle aura été forcée de s'abſenter, ce qu'elle doit faire le moins qu'il lui ſera poſſible.

Je ſçais que les ennemis de la diette ne manquent pas de raiſons pour juſtifier la conduite qu'ils tiennent auprès des Malades en l'abſence du Médecin; mais je ſçais auſſi tous les maux qui en réſultent. En acquieſçant avec facilité à des demandes auſſi touchantes qu'importunes, on donne lieu à des maux ſans nombre qui conduiſent ſouvent à la mort : ce ſont des faits malheureuſement trop communs, qui devroient rendre plus circonſpectes les perſonnes, qui ſe mêlent trop hardiment de joindre leurs avis aux conſeils d'un Médecin expérimenté, ou d'un Chirurgien inſtruit.

CHAPITRE VII.

Du Mouvement.

Il est des cas où il seroit dangereux de permettre à un Malade de se lever : tels sont ceux d'hémorrhagie, de sueur, d'éruption. Il sera prudent de ne lever ceux qui auront eu des hémorrhagies, que plusieurs jours après qu'elles seront cessées. (*Voyez le Chapitre VI de la troisième partie*;) & afin d'agir avec plus de sécurité, il faudra consulter le Médecin.

S'il n'existe aucune des maladies dont je viens de parler, & si le Malade n'est pas trop foible, on pourra le lever, même plusieurs fois le jour, s'il l'exige, ayant attention qu'il n'ait point froid. S'il veut faire quelque pas dans sa chambre, on lui aidera, en le soutenant sous les bras.

On profitera du tems où le Malade sera levé, pour faire son

lit, qu'on laissera découvert pour l'aërer ; on y passera la bassinoire, lorsqu'il voudra se recoucher. (*Voyez, pour l'exercice des Convalescens, le Chap.* XIII *de la* 3e. *Partie.*)

CHAPITRE VIII.

Des Passions de l'Ame.

Il n'est rien de plus pernicieux à un Malade, que les révolutions subites occasionnées par des nouvelles inattendues, dont on a très-souvent l'imprudence de lui faire part. La joie, la colére, la haine, la tristesse, la frayeur, troublant l'œconomie animale, dérangent les fonctions : d'où résultent les accidens les plus funestes, & la mort.

Il est donc très-important d'éloigner du Malade tout ce qui pourroit être capable d'exciter en lui des impressions trop vives, par exemple, on évitera de lui parler de quelque événement malheureux, de lui apprendre le gain d'un procès, l'arrivée d'une personne chérie, la réussite d'une entreprise; de témoigner de l'inquiétude sur son état, de paroître devant lui avec un visage triste. On éloignera de sa présence les personnes qu'il déteste; on ne s'occupera qu'à ranimer son courage, soutenir son espérance, entretenir sa confiance. On tâchera d'exciter en lui une douce gaieté, si l'état de la maladie le permet, & si le caractère du Malade y est porté; quelques contes, quelques aventures plaisantes, quelques lectures amusantes & gaies, produiront un très-bon effet.

Il est des Malades dont il seroit dangereux de vouloir réprimer les larmes, ce sont les vaporeux; on doit se borner à leur égard à quelques courtes réflexions, que l'on placera dans les momens les plus favorables: cet état n'a rien d'inquiétant.

Lorsqu'on sera absolument forcé d'annoncer à un Malade quelques événemens agréables ou tristes, il faudra en charger la personne en qui il aura le plus de confiance, en lui recommandant d'y mettre toute la prudence & tout le ménagement possible. Je n'ai point d'autre règle à donner pour bien s'acquitter de cette commission : l'amitié, l'intérêt, l'attachement suppléeront à ce que je ne puis exprimer.

CHAPITRE IX.

Du Sommeil.

Il est toujours avantageux que le Malade dorme, soit la nuit, soit le jour; à moins que le sommeil ne soit lui-même la maladie que l'on traite : car alors, bien loin de le favoriser, il faudroit l'interrompre. (*Voyez le Chap. VIII de la 3e. partie.*

Lorsqu'un Malade dormira, toute l'attention de la Garde se

réduira

réduira à ne pas faire de bruit & à empêcher que l'on n'en fasse. Elle ne le réveillera point pour lui offrir du bouillon, ou quelques remèdes, à moins que le Médecin ne le lui ait recommandé expressément.

Il ne faudra pas permettre à un Malade de dormir dans un fauteuil ou dans une chaise, à moins qu'une difficulté de respirer ne l'y contraignît.

CHAPITRE X.

Des Evacuations naturelles.

LORSQUE les règles surviennent dans le cours d'une maladie, ou que les hémorrhoïdes fluent, il faut suspendre l'usage de tous les remèdes évacuans, sous quelque forme qu'ils soient prescrits. Ainsi l'on ne donnera ni purgatifs, ni sudorifiques, ni diurétiques, &c. Les saignées ne peuvent alors avoir lieu sans de grands dangers;

je ſuppoſe que le Médecin les ait indiquées, avant que ces évacuations ſe ſoient manifeſtées, & qu'il n'ait pas recommandé expreſſément à la Garde de ſaigner malgré ces apparitions. Il ne faudra faire uſage d'aucun remède échauffant, irritant ou apéritif. Il eſt auſſi important d'empêcher que les Malades n'aient froid; on ne permettra pas qu'ils faſſent uſage de boiſſon trop rafraîchiſſante, ni qu'ils ſe ſervent d'eau froide pour ſe laver. On ne s'écartera de ces règles qu'autant que le Médecin l'aura preſcrit.

On pourra, malgré ces évacuations, continuer l'uſage des remèdes qui ſeront d'une nature différente de ceux dont je viens de parler: tels que les adouciſſans, les bechiques, les légers rafraîchiſſans & autres ſemblables. L'uſage des lavemens, s'ils ont été preſcrits auparavant, ne ſera pas dangereux, pourvu qu'ils ne ſoient point purgatifs.

Si malgré toutes ces attentions il arrivoit que les règles ou les hémorrhoïdes se supprimassent, & qu'il en résultât quelqu'accident, l'on feroit mettre les pieds du Malade dans l'eau chaude. [*Voyez pour cette opération le Chapitre XIII. de la 2e. Partie.*] Si les accidens devenoient très-pressans, il faudroit sans différer faire la saignée du pied. Je suppose que l'on soit dépourvu de tout conseil, & que le cas soit très-pressant.

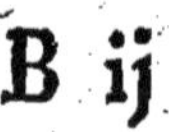

INSTRUCTIONS

POUR

LES PERSONNES

QUI GARDENT LES MALADES.

SECONDE PARTIE.

Des précautions à prendre dans l'uſage des Médicamens.

LE régime ſeul ne ſuffit pas toujours pour vaincre les maladies: il faut encore y joindre l'uſage des Médicamens, que l'on diſtingue en internes & en externes ; & qui quoique bien indiqués deviendroient cependant inutiles, ou même funeſtes, ſi leur administration n'étoit bien conduite. Il sera donc très-important pour les Malades que leur Garde exécute ponctuellement tout ce qui sera prescrit dans le *Chapitre* où il sera question du remède qui aura été prescrit.

CHAPITRE Ier.

Des Bouillons.

On divise les Bouillons en alimenteux & en médicamenteux. Je ne dirai rien ici sur la manière de les faire ; c'est au Médecin à prescrire ce dont il veut qu'ils soient composés.

Lorsqu'on voudra donner un bouillon à un Malade, il faudra le bien dégraisser & le faire chauffer au Bain-Marie ; voici comment :

On prendra un pot assez grand pour y contenir une tasse ou un gobelet : on le remplira d'eau jusqu'à la moitié, & on la fera chauffer ; lorsqu'elle sera bouillante, on y plongera le gobelet ou la tasse qui contiendra le bouillon; on couvrira le tout, & on attendra que le bouillon soit chaud. Alors on le vuidera dans une écuelle, ou dans une tasse, pour le présenter au Malade.

La dose ordinaire d'un bouillon, est plein une tasse à caffé. Si à l'heure où l'on doit donner un bouillon, il existoit un frisson, ou un redoublement de fiévre, il faudroit attendre que l'un ou l'autre fût, sinon passé, au moins très-modéré.

C'est une très-bonne précaution, que de faire laver la bouche du Malade avant de lui présenter un bouillon.

Si le Malade étoit trop foible pour boire dans une écuelle, ou dans une tasse, on aura recours à une cuiller, à un biberon, ou à trois ou quatre tuyaux de paille bien propres, dont on mettra une extrémité dans la bouche du

Malade, tandis que l'autre trempera dans le bouillon.

CHAPITRE II.

Des Boiſſons ordinaires des Malades.

LES boiſſons ordinaires des Malades peuvent être réduites aux compoſitions ſuivantes : 1°. les eaux de veau & de poulet; 2°. les tiſanes; 3°. les apozêmes; 4°. les infuſions; 5°. les hydromets; 6°. les émulſions; 7°. les limonades & orangeades; 8°. le petit-lait; 9°. les eaux ſucrées, panées, rougies, & de groſeille. On trouvera, *dans la IV Partie de cet Ouvrage*, les formules de ces différentes boiſſons.

En général, quel que ſoit le remède, qui ait été preſcrit pour boiſſon ordinaire, il faudra avoir ſoin d'en offrir au Malade toutes les demi-heures ou même plus ſouvent, ſur-tout s'il a la langue ſéche. La doſe ſera d'une demi-taſſe, & même plus s'il eſt poſſible, froide ou chaude, ſelon l'ordonnance du Médecin. Si l'on a preſcrit au Malade de boire chaud, on aura l'attention de tenir toujours près du feu une partie de la boiſſon, & d'en avoir de froide, afin de lui donner le dégré de chaleur convenable pour être bue dans le moment; ſi le Malade ne peut pas boire une demi-taſſe chaque fois, on lui en donnera moins.

Si le Malade ſe plaint que ſa boiſſon lui pèſe ſur l'eſtomac, il faudra la rendre plus légére en y ajoutant un quart ou un tiers d'eau; ſi cela ne ſuffit pas, on éloignera l'intervalle des boiſſons. Enfin ſi toutes ces précautions deviennent inutiles, on en ſuſpendra l'uſage juſqu'à la viſite du Médecin.

Si la boiſſon a quelque dégoût, on donnera au Malade lorſqu'il aura bu, un peu de confitures, ou une tranche d'orange.

Il faudra avoir toujours de la boiſſon faite, afin de n'en pas manquer. On ne ſe ſervira jamais de celle qui aura été faite la veille.

Si quelqu'une des boiſſons dont je viens de parler étoit rendue purgative, il faudroit, avant d'en faire uſage, conſulter le *Chapitre des Purgatifs.*

CHAPITRE III.

Des Médicamens liquides, qui ſe prennent à petite doſe.

SOUS ce titre je comprends les *Juleps*, les *Potions*, les *Looks*, les *Syrops*, & les *Gouttes*. La Garde veillera à leur converſation, en les mettant dans de l'eau fraîche [excepté les Gouttes], & en les éloignant du feu ou de toute autre chaleur; qui ne tarderoit pas à les corrompre, ſur-tout les Looks, les Huiles & les Syrops.

Lorſqu'on voudra donner de l'un des trois premiers remèdes, il faudra bien agiter la phiole qui le contiendra, vuider enſuite & promptement le remède dans un verre ou une taſſe, ſi c'eſt du Julep, & dans une cuiller, ſi c'eſt du Look ou du Syrop, pour le préſenter auſſi-tôt au Malade. On lui donnera de ces remèdes aux heures indiquées par le Médecin. Il faudra avoir l'attention de mettre une demi-heure d'intervalle entre l'un des cinq remèdes ci-deſſus nommés, & tout autre médicament ou bouillon, ſoit avant, ſoit après l'avoir donné, afin de n'en point troubler l'action, à moins que le Médecin n'en ait ordonné autrement.

Quant aux remèdes qui ſe donnent par gouttes, voici comment il faudra s'y prendre pour les meſurer avec préciſion: on mettra le premier doigt de la main droite ſur l'ouverture de la bouteille qui contiendra les Gouttes, on la penchera en devant, on y laiſſera entrer l'air en levant le doigt tout doucement, & alors les gouttes tomberont.

Tous les médicamens dont il eſt queſtion dans ce Chapitre, ſeront dans des bouteilles bien bouchées. Si quelqu'un de ces remèdes avoit été preſcrit à titre de purgatif, il faudroit, avant d'en uſer, conſulter le *Chapitre* des Purgatifs.

CHAPITRE IV.

Des Médicamens internes & ſolides.

LES Médicamens dont je vais parler, ſont les *Opiates*, les *Bols*, les *Pilules* & les *Poudres* : les trois derniers doivent être doſés chez l'Apothicaire. Quant à l'opiate, on ne la convertit en bol qu'à meſure que l'on en fait uſage ; chaque bol ſera de la groſſeur du modèle que l'Apothicaire aura envoyé.

Tous ces bols, durs ou mols, ſeront pris de la même maniére ; c'eſt-à-dire, entre deux tranches de soupe, enveloppés dans des confitures, dans des fruits cuits, ou enfin dans du pain à chanter. Lorsqu'on préfére ce dernier moyen, voici comment il faudra s'y prendre pour bien envelopper un bol:

On prendra un morceau de pain à chanter, d'une longueur & d'une largeur convenable, qu'on mettra dans une cuiller que l'on remplira d'eau ; lorsque le pain en sera imbu au point de devenir flexible, on vuidera l'eau contenue dans la cuiller, puis on mettra le bol sur le milieu du pain, & on le recouvrira en amenant les côtés du pain sur le bol; on repliera ensuite les deux extrémités de ce pain, ensorte qu'il puisse en résulter une espèce de petit paquet; on mettra un peu d'eau, de tisane, de vin ou de bouillon dans la cuiller, & on la présentera au Malade. Si-tôt que le bol sera avalé, on lui fera boire une gorgée d'eau ou de tisane.

Si les bols avoient de la peine

à paſſer à cauſe de leur groſſeur, on les partageroit en auſſi grand nombre que le Malade le ſouhaiteroit, à condition que ce plus grand nombre ne le diſpenſera pas de prendre toute la doſe.

Les poudres ſe donnent pour l'ordinaire entre deux tranches de ſoupe; perſonne n'ignore de quelle maniére il faut s'y prendre pour les bien envelopper : du reſte il faudra ſe conformer à l'ordonnance du Médecin.

CHAPITRE V.

Des Purgatifs & des Vomitifs.

LES purgatifs doivent être donnés le plus matin qu'il ſera poſſible & à jeun : cependant, ſi le Malade dormoit, il ne faudroit pas le réveiller ; car on peut donner une médecine dans le cours de la journée, à moins que l'on n'eût lieu de craindre la chaleur, comme dans l'été.

Avant de donner un purgatif, il sera de la derniére importance de voir si le Malade sue, s'il a un frisson, s'il est dans la chaleur de la fiévre ; s'il y a quelqu'éruption à la peau ; si les règles sont survenues, si les hémorrhoïdes fluent; s'il existe quelqu'hémorrhagie, ou quelqu'écoulement d'une autre nature, tel que suppurations, fleurs-blanches ; ou enfin s'il y a de fortes douleurs, ou de grandes foiblesses : dans tous ces cas il faudra différer, & attendre l'avis du Médecin, que l'on tâchera d'avoir le plutôt possible.

Il faut chercher à dérober au Malade la couleur, l'odeur & le goût de sa médecine. Pour y parvenir, voici les moyens que je conseille : Après avoir agité la bouteille qui la contiendra, on la versera dans une tasse de faïance, ou dans un gobelet d'argent ; on le couvrira d'un linge propre & imbu de quelqu'eau d'odeurs agréables au Malade : si l'on manque d'eau d'odeurs, on emploiera de fort vinaigre ; ensuite on lui fera laver la bouche avec du vinaigre ou de l'eau-de-vie : cela fait, on lui présentera le gobelet où sera la médecine, en découvrant l'endroit seulement où il devra poser les lèvres. Lorsqu'il l'aura bue, on lui fera laver la bouche avec de l'eau froide, on lui donnera un peu de confitures séches ou liquides. Si la médecine étoit en bol, on l'accommoderoit comme il est indiqué au *Chapitre précédent.*

Lorsque le Malade aura pris sa médecine, on le laissera tranquille ; s'il veut dormir, il ne faudra pas s'y opposer ; s'il veut se lever & qu'il le puisse, on le lui permettra, ayant attention qu'il n'ait point froid.

Le Malade ne commencera à boire que deux heures après qu'il aura pris sa médecine ; à moins qu'il n'allât à la selle deux ou trois fois avant ce tems, ou qu'il n'eût des coliques un peu vives. Lorsqu'il aura commencé à boire, il réitérera de demi-heure en demi-heure, & même plus souvent, si les selles sont fréquentes, ou s'il existe des coliques.

Les boissons dont le Malade pourra faire usage pour aider l'action de la médecine, seront de l'eau de veau ou de poulet, du bouillon aux herbes ou aux choux verds, du thé léger & peu sucré, ou enfin de l'eau miellée. Il pourra choisir celle de ces boissons qui lui plaira le plus; s'en tenir à une seule, ou en prendre de plusieurs alternativement : observant qu'elles doivent toujours être prises chaudes.

Si, malgré les boissons abondantes, le purgatif ne produisoit aucun effet, il faudroit faire promener le Malade ; & si la promenade devenoit inutile, on lui donneroit un lavement fait avec une chopine d'eau & trois ou quatre cuillerées de miel, ou une demi-cuillerée de sel de cuisine.

Si, pendant que la médeçine agit, il ſurvient des coliques, on fera chauffer des ſerviettes que l'on appliquera ſur le ventre du Malade : on renouvellera ſouvent cette application ; on augmentera l'abondance de la boiſſon. Et ſi malgré ces ſecours les douleurs continuoient, on aura reçours à l'uſage des lavemens adouciſſans, (*Voyez la IV Partie*) que l'on réitérera ſelon la durée des coliques.

S'il y a pluſieurs verres de purgatif à prendre, la Garde les donnera aux heures indiquées par le Médecin : en obſervant que, ſi la premiére priſe avoit ſuffiſamment opéré, cinq à ſix fois par exemple, elle ne donneroit pas les autres, crainte de trop fatiguer le Malade.

Le Malade gardera un régime exact le jour qu'il aura pris médecine. S'il eſt à la diète, il ne prendra un bouillon gras qu'une bonne heure après que le purgatif aura fini ſon effet : s'il eſt dans le cas de pouvoir manger, il ſe con tentera d'un peu de ſoupe, & le ſoir prendra quelques légumes, ou un peu de pain & de confitures, ou quelques fruits cuits, avec un demi-verre de vin pur ; à moins que le Médecin n'ait jugé a propos de lui preſcrire quelque choſe de plus.

Tout ce que je viens de dire concernant les attentions que l'on doit avoir avant de donner une médecine, convient également lorſqu'il s'agit de donner un vomitif. Voici comment il faudra ſe conduire pendant & après l'effet de ce dernier remède.

On ne donnera que de l'eau tiède à celui qui aura pris un vomitif, & ſeulement lorſque les envies de vomir ſeront preſſantes (*) : pendant les vomiſſemens la Garde aura attention de ſoutenir la tête du Malade.

(*) *Dict. Enclyclop. Art.* Vomiſſ.

Si le remède que le Malade aura pris à titre de vomitif, opéroit par le bas, la Garde se conduira alors comme s'il avoit pris médecine.

Celui qui a pris un vomitif, ne fera usage d'aucun aliment solide ce jour-là, quand-même ce remède auroit été pris par précaution; il s'en tiendra au bouillon pour toute nourriture, à moins que le Médecin ne juge à propos de lui permettre quelque chose de plus.

CHAPITRE VI.

Des Collyres.

Nous nommons collyres, tous les médicamens qu'on applique sur les yeux. Afin d'éviter les répétitions, déja si nombreuses dans cet Ouvrage, je ne parlerai ici que des collyres secs ou en poudre. Lorsqu'on se servira d'autres médicamens pour les yeux, tels que des cataplasmes, fomentations, &c. on consultera le *Chapitre* où il en est parlé.

Les poudres qui seront destinées à être introduites dans les yeux, seront très-fines & sans odeurs. Voici comment il faudra s'y prendre pour faire cette opération: On prendra un tuyau de paille ou de plume, ouvert à ses deux extrémités; on le remplira, à la hauteur d'un travers de doigt, de la poudre que l'on voudra souffler dans l'œil; on tiendra le tuyau de la main droite; on le portera vis-à-vis l'œil malade, dont on ouvrira les paupiéres avec le pouce & le premier doigt de la main gauche; on approchera sa bouche de l'extrémité vuide du tuyau, & on soufflera fort; ensuite on laissera fermer les paupiéres, puis on appliquera une compresse sur l'œil, & on l'y assujettira avec un bandeau légérement serré. On réitérera ainsi cette insufflation autant de fois qu'elle aura été prescrite par le Médecin ou le Chirurgien.

CHAPITRE VII.

Des Gargarifmes.

Ce font des remèdes, qui fervent à laver la bouche ou la gorge des Malades, fans en rien avaler. La maniére, d'en ufer varie : par exemple, fi le fiége du mal eft dans la gorge, le Malade prendra du gargarifme dans fa bouche, renverfera la tête en arriére, & produira un petit bruit, femblable à celui de l'eau qui bouille. Si le mal eft trop confidérable, ou fi le Malade eft trop foible pour fe gargarifer, la Garde fe fervira alors d'un petit pinceau de linge fin & un peu effilé, qu'elle trempera dans le gargarifme pour en toucher la partie malade, en frottant un peu & légérement. Il faudra auparavant qu'elle ait l'attention d'introduire dans la bouche du Malade & fur fa langue, le manche d'une cuiller ou d'une fourchette, afin de mieux voir la partie qu'il faudra toucher.

Si le mal est à la langue, dans l'intérieur des joues, ou aux gencives, le Malade se lavera la bouche avec le gargarisme, puis il le crachera.

Si les maux de la gorge ou de la bouche ne sont pas bien considérables, il suffira de se gargariser toutes les heures; mais s'ils sont violens, il faudra mettre le moins d'intervalle possible d'un gargarisme à l'autre. On emploiera ces remèdes chauds ou froids, selon que le Médecin l'aura indiqué.

CHAPITRE VIII.

Des Injections.

Avant de faire les injections, il faudra garnir avec des serviettes en plusieurs doubles, l'endroit sur lequel posera la partie où l'on devra faire l'injection. La liqueur dont on usera, ne sera ni trop chaude ni trop froide. La petite feringue dont on fe fervira, fera très-propre & bien remplie ; on n'en pouffera pas le pifton avec violence, à moins qu'il n'ait été recommandé expreffement d'injecter avec force. Enfin on laiffera féjourner l'injection, fi cela eft prefcrit. On réitérera cette petite opération auffi fouvent que cela aura été indiqué.

CHAPITRE IX.

Des Lotions, Fomentations, Embrocations & Onctions.

LES précautions à prendre dans l'emploi de ces remèdes étant les mêmes, j'ai cru devoir les comprendre dans un même Chapitre.

La Garde fera chauffer celui de ces remèdes qui aura été prefcrit par le Médecin ou le Chirurgien, à moins qu'il n'ait été ordonné de l'employer froid. Dans le premier cas, le dégré de chaleur fera tel qu'on y puiffe tenir les doigts, ſans en être incommodé. On garnira bien de linge l'endroit ſur lequel repoſera la partie qui devra recevoir l'application du remède ; enſuite on trempera un linge fin dans le médicament, avec lequel on frottera légérement, quatre à cinq minutes, la partie malade ; puis on étendra deſſus le linge qui aura ſervi à cette opération, & par-deſſus ce linge on appliquera une compreſſe chaude, & le tout ſera aſſujetti avec une bande, ſi cela eſt poſſible.

Lorſqu'il faudra entretenir humide la partie qui aura été fomentée, on mettra par-deſſus le premier linge un molton imbu du médicament qui aura ſervi à la fomentation, & on l'humectera de deux heures en deux heures.

Si l'on ſe ſert de quelques liqueurs ſpiritueuſes, il faudra commencer par faire chauffer une aſſiette, & lorſqu'elle ſera chaude on y verſera la liqueur ; par-là on évitera la trop grande évaporation

tion qui auroit lieu, ſi l'on agiſſoit autrement.

Il ne faudra faire chauffer que la quantité de médicament néceſſaire, ayant attention de le couvrir pendant qu'il chauffera; le reſte ſera conſervé très-proprement & bien couvert.

CHAPITRE X.

Des Cataplaſmes.

LA premiére attention qu'il faudra avoir avant d'appliquer ce médicament, ſera de faire raſer la partie ſur laquelle cette application devra être faite, afin d'éviter le tiraillement des poils, qui ſe renouvelleroit à chaque panſement. Si cette application devoit être faite ſur les yeux, les oreilles, ou ſous le nez, il faudroit renfermer le cataplaſme entre deux linges fins & clairs.

On applique ordinairement les cataplaſmes chauds, à moins qu'il ne ſoit ordonné de les appliquer froids. On connoîtra que le dégré de chaleur ſera convenable lorſque le dos de la main pourra le ſupporter.

Le renouvellement de ce remède ſera fait bien exactement aux heures indiquées par le Médecin ou le Chirurgien, parce qu'un ſéjour plus long change la nature du remède, & produit des effets contraires aux indications que l'on ſe propoſoit de remplir.

CHAPITRE XI.

Des Bains.

LA Garde ſe conformera très-ſcrupuleuſement, pour le dégré de chaleur du bain, à ce qui lui aura été preſcrit par le Médecin : ceci eſt très-important. Mais je ſuppoſe que le Médecin n'ait point déſigné le dégré de chaleur du bain, & qu'il n'ait fait qu'indiquer un bain froid, tiède ou chaud : alors il eſt utile que la Garde ſçache que par bain froid ou entend celui dont l'eau eſt froide, ſans être à la glace ; par bain tiède, celui dont l'eau aura acquis une chaleur douce ; & par bain chaud, celui dont la chaleur ſera plus grande, ſans aller juſqu'à l'eau bouillante. Les perſonnes qui ſeront en état de faire uſage du thermomètre, meſureront plus préciſément la température convenable à chaqu'eſpèce de bain, & que voici : pour les bains froids, depuis dix dégrés juſqu'à vingt ; pour les bains tièdes, depuis vingt dégrés juſqu'à trente ; & enfin pour les bains chauds, depuis trente dégrés juſqu'à quarante. (*)

Il eſt très-important de ſçavoir qu'en général il ſeroit fort dangereux de faire prendre les bains aux filles ou femmes qui ont leurs règles ; à ceux ou celles qui ont des hémorrhoïdes fluantes ou toute autre hémorrhagie ; aux perſonnes

(*) *Dict. Encycl. Art.* Bain.

qui ſont en ſueur ; à celles qui ont des éruptions ; à celles qui viennent de prendre des alimens ſolides. (*).

L'eau de riviére eſt préférable à celle de fontaine ou de puits. Si cependant on étoit forcé de ſe ſervir de ces derniéres, il faudroit en corriger la crudité en la faiſant bouillir, ſi-non toute, au moins la plus grande partie. L'eau du bain ſera renouvellée chaque fois que le Malade ſe baignera.

La baignoire ſera placée dans un endroit commode. Elle ſera mieux dans la chambre du Malade que partout ailleurs, & peu éloignée du lit. On la garnira intérieurement d'un drap, ou d'un

---

(*) Je ſçais qu'il eſt des cas où il eſt utile qu'un Malade qui a une éruption ſoit baigné ; mais je parle ici en général, & ſi je comprens les éruptions au nombre des cauſes qui empêchent de prendre le bain, c'eſt pour empêcher les Gardes de déranger *la* marche de la nature : elles n'agiront donc dans les cas d'éruption, que par les ordres du Médecin.

linge fait exprès. On mettra à ſon extrémité la plus large un couſſin rempli de paille d'avoine, de foin, ou de crin. Enſuite on y verſera pluſieurs ſceaux d'eau froide, à laquelle on ajoutera de l'eau bouillante; il faudra agiter ces eaux avec la main, afin de bien les mêler. Lorſqu'on aura le dégré de chaleur convenable, on fera deſcendre le Malade dans la baignoire, on le fera aſſeoir ſur le couſſin dont j'ai parlé, & ſi l'eau ne lui parvenoit pas juſqu'au col, on en ajouteroit de la froide & de la chaude, juſqu'à ce qu'il y en eût une ſuffiſante quantité, prenant bien garde de ne point s'écarter de la température qui aura été preſcrite: on couvrira la baignoire avec ſon couvercle ou un drap, & l'on s'aſſeoira auprès du Malade, qu'il ne faudra point abandonner tant qu'il ſera dans le bain; de telles abſences ont quelquefois coûté la vie aux Malades. S'il y a des remèdes à prendre dans le bain, on les donnera aux heures qui auront été désignées. Si le Malade vouloit dormir, on l'en empêcheroit : on lui recommandera de rester tranquille ; on pourra, s'il l'exige, lui faire quelque lecture récréative. On aura l'attention d'entretenir la température de l'eau du bain, en en ajoutant de chaude, lorsque cela paroîtra nécessaire.

Il est des endroits où, sous prétexte de commodité, on échauffe l'eau du bain avec un cylindre plein de braise ou de charbon : cette méthode est, on ne peut plus, mauvaise. Dans le cas où l'on seroit forcé de l'employer, il faudroit que la baignoire fût dans une chambre voisine de celle du Malade ; que les portes & les fenêtres en fussent ouvertes, tout le tems que le bain chaufferoit ; & il seroit prudent d'attendre que la vapeur du charbon ou de la braise fût dissipée, avant d'y faire entrer le Malade. Malgré toutes ces précautions, les personnes délicates ne ſont point à l'abri des accidens qui peuvent réſulter de ce procédé. Il ſera donc beaucoup plus ſûr de faire chauffer l'eau à la cuiſine, & de la porter enſuite dans la chambre du Malade.

Il peut arriver qu'un Malade qui eſt dans un bain trop chaud, relativement à ſa conſtitution, ſoit menacé ou même attaqué d'un coup de ſang : alors il faudra l'ôter promptement de la baignoire, l'étendre par terre, ouvrir les portes & les fenêtres, même en hyver, lui appliquer ſur la tête des linges trempés dans l'eau froide & même à la glace, lui jetter de l'eau froide ſur le corps & au viſage. Si ces moyens étoient inſuffiſans pour faire revenir le Malade, il faudroit le ſaigner promptement du bras ou du pied. Je ſuppoſe ici que le cas ſoit preſſant, & qu'il ne ſoit pas poſſible d'avoir le conſeil d'un Médecin.

Lorſque l'heure de ſortir du bain ſera venue, ou lorſqu'on s'appercevra que le Malade s'affoiblit, on l'aidera à se tirer du bain, on prendra garde que ses pieds ne posent à terre ou sur des linges froids; on l'essuiera avec des linges fins & chauds, ou bien on l'enveloppera dans un drap chaud, & on le couchera dans un lit bien bassiné, où il restera deux heures; il prendra un bouillon, ou les remèdes qui auront été prescrits; enfin il dormira, s'il en a envie.

CHAPITRE XII.

Des demi-Bains ou Bains de Fauteuil.

On prend les demi-bains dans un fauteuil préparé à cet effet, ou dans une baignoire : dans l'une ou l'autre maniére, le Malade doit avoir de l'eau jusqu'au nombril; ses épaules doivent être bien couvertes; ses jambes seront soutenues par un tabouret ou une chaise, s'il prend le bain dans un fauteuil: du reste on se conduira comme je viens de le dire dans le *Chapitre précédent*; car les demi-bains exigent les mêmes attentions que les grands bains.

CHAPITRE XIII.

Des Bains des Jambes.

On fait prendre ce bain dans un ſceau de bois, de faïance, ou d'autre matiére. Il faut qu'il ait aſſez de profondeur, pour que l'eau aille juſqu'au-deſſous du genou. Le dégré de chaleur de ce bain ſera indiqué par le Médecin ; ordinairement on le preſcrit tiède. Si l'on craint que le Malade ne s'évanouiſſe, on le fera aſſeoir ſur ſon lit ; quelqu'un ſe placera derriére lui pour le ſoutenir. On mettra le vaiſſeau qui contiendra l'eau, ſur un tabouret ou une chaiſe. Lorſque les jambes du Malade ſeront dans l'eau, on couvrira le vaiſſeau avec une nappe en pluſieurs doubles. Si l'eau ſe refroidit, on en ajoutera de chaude, qu'il faudra avoir toujours prête.

Si le Malade tomboit en foibleſſe, ce qui arrive aſſez ſouvent, on le coucheroit à la renverſe ſur ſon lit : on ne ſe preſſera pas d'ôter ſes jambes de l'eau ; car la foibleſſe dans ce cas eſt preſque toujours ſalutaire, à moins qu'elle ne ſoit exceſſive.

Lorſqu'on retirera les jambes de l'eau, on les eſſuiera avec des linges chauds & fins ; on donnera à tenir, à un aſſiſtant, celle qui aura été eſſuyée la première ; & lorſqu'elles le ſeront toutes deux, on ôtera l'eau & on couchera le Malade.

C'eſt de l'eau de rivière dont il faudra ſe ſervir; celle de fontaine ou de puits ne ſera pas bonne, qu'autant qu'elle aura bouilli.

Les règles à obſerver avant de mettre les jambes dans l'eau, ſont les mêmes que celles qui ſont indiquées au *Chapitre des Bains* ; à moins que le Médecin n'ait jugé convenable d'en ordonner autrement.

CHAPITRE XIV.

Des Lavemens ou Clyſtéres.

CES remèdes ſont alimenteux ou médicamenteux. Je ſuppoſe que la Garde ſçache bien donner un lavement, & je paſſe à l'énumération de ce qu'elle doit faire avant & après qu'elle l'aura donné.

D'abord elle garnira bien le bord du lit avec un drap en pluſieurs doubles; elle fera ſituer ſon Malade de maniére à lui donner le clyſtére avec facilité; elle ſe ſervira d'une ſéringue très-propre, qu'elle remplira fort-exactement; le lavement ſera tiède, à moins qu'il n'ait été ordonné froid. Lorſque le Malade aura pris ſon clyſtére, il ſe couchera ſur le dos, & le gardera le plus long-tems qu'il pourra.

Outre les attentions précédentes, il faudra encore avoir égard à l'âge du Malade. Un enfant d'un an ne peut recevoir que deux ou trois onces de lavement ; on ſe ſervira pour eux d'une petite ſéringue qui contiendra cette doſe : un enfant de quatre à cinq ans en peut recevoir un verre & demi, ou deux verres : à huit ans, la moitié de la ſéringue : à douze ou quinze ans, les deux tiers : & enfin à dix-huit ans, une pleine ſéringue.

Il eſt bon d'obſerver qu'il eſt des perſonnes, qui, quoique plus âgées, ne peuvent recevoir que la moitié d'un lavement ; alors il ne faudra pas les obliger d'en prendre davantage.

Lorſqu'on ne voudra donner qu'une partie du lavement, il faudra avoir attention que la ſéringue ſoit pleine ou paroiſſe l'être; ce qui ſe fera en pouſſant le piſton à la moitié, au tiers, ou au quart, ſelon qu'on aura deſſein de donner du lavement. Sans cette précaution, on donneroit beaucoup de vent au Malade.

Les lavemens qui ne seront point purgatifs, pourront être donnés en tout tems, excepté lorsque l'estomac sera rempli d'alimens. Quant à ceux qui auront été rendus purgatifs, il faudra, avant de les donner, consulter le *Chapitre des Purgatifs* : car il faut avoir égard à l'état du Malade, avant que de lui administrer un lavement purgatif.

Les lavemens alimenteux seront faits avec de bon bouillon sans sel, auquel on ajoute quelquefois du vin, ou des jaunes d'œufs. La dose du bouillon simple ou préparé, sera d'une demi-séringue, ou tout au plus les deux tiers pour un adulte. Il faudra avoir la précaution de donner un lavement simple avant de donner celui qui sera alimenteux, afin de nettoyer les intestins : ainsi l'on attendra que le premier clystére soit rendu, pour donner le second, que le Malade gardera.

CHAPITRE XV.

Des Suppositoires.

On nomme suppositoire, un médicament solide auquel on donne la forme d'une pyramide, de la longueur & de la grosseur du petit doigt, destiné à être introduit dans le fondement, pour remplir différentes indications.

Avant d'introduire ce médicament dans l'eau, il faudra le tremper dans de l'huile d'olive, ou l'enduire de graisse douce ou de beurre frais. Pendant l'introduction l'on prendra garde de blesser le Malade. On laissera le suppositoire dans l'anus, jusqu'à ce qu'il ait produit son effet, s'il est purgatif; ou bien on ne le laissera que le tems indiqué par le Médecin.

CHAPITRE XVI.

Des Véſicatoires.

IL eſt arrivé ſouvent, & ſur-tout dans les campagnes, que des Malades ſont morts parce que l'application des véſicatoires, qui étoit l'unique moyen de les rappeller à la vie, a été différée faute de Chirurgien. On ſent combien il ſeroit utile, dans pareille circonſtance, que les perſonnes qui ſont près des Malades fuſſent en état d'y ſuppléer. Cette conſidération m'a déterminé à indiquer ici les règles à ſuivre dans l'application de ce remède.

(*) Lorſqu'on devra appliquer un véſicatoire au bras, on aura

---

(*) Il eſt peut-être utile de rappeller ici ce que j'ai déja dit dans l'Avertiſſement; *que cet Ouvrage étant fait pour toutes les claſſes de Citoyens, je me ſuis attaché à le mettre à la portée du plus grand nombre.* J'eſpère que ce motif ſuffira pour me juſtifier ſur les expreſſions dont je me ſuis ſervi dans le

l'attention de placer l'emplâtre ſur ce que l'on nomme le gros ou le gras du bras. Si c'eſt à la cuiſſe, on poſera le véſicatoire au haut de la cuiſſe, à environ trois ou quatre travers de doigts des parties, ſur ce que l'on nomme le gros de la cuiſſe, un peu plus en deſſous qu'en dedans; ſi cette application devoit être faite à la jambe, ce ſera ſur le mollet ou le gras de la jambe, un peu plus en dedans qu'en dehors, à deux ou trois travers de doigts du jar-

---

cours de ces Inſtructions, & ſur celles que j'emploierai dans la ſuite. Il n'eſt perſonne qui ne ſente qu'un langage ſcientifique & préſenté avec art, n'eût été entendu que par un petit nombre de Lecteurs inſtruits. Je ne dirai donc point dans ce Chapitre : *appliquez les véſicatoires ſur le trajet du muſcle biceps, ſur les muſcles jumeaux ou gaſtrocnémiens : Enlevez l'épiderme : Panſez l'ulcere, &c. &c.*; mais je me ſervirai tout ſimplement des expreſſions vulgaires. Ainſi je recommanderai d'appliquer les véſicatoires ſur *le gras ou le gros du bras*, ſur *le gras ou le mollet de la jambe*, d'enlever *la peau* qui ſera *pleine d'eau* ou qui ſera *détachée des chairs*, de penſer *la plaie, &c. &c.* par-là je ſerai entendu du villageois & du citadin : voilà mon but.

ret. L'application des véſicatoires ſur les autres parties du corps n'exige point de précautions particuliéres.

Ordinairement, l'Apothicaire fournit l'emplâtre véſicatoire prête à être appliquée ; mais il arrive quelquefois qu'on n'a que des mouches ſans emplâtre : alors on fera une emplâtre avec du levain, qu'on étendra ſur un morceau de toile, on humectera ce levain avec du vinaigre, & l'on y ajoutera les mouches Cantharides en poudre, on en mettra de l'épaiſſeur d'un gros ſol; on arroſera le tout de quelques gouttes de vinaigre. L'emplâtre étant ainſi garnie, on mettra chauffer un demi-verre de fort vinaigre, dans lequel on aura mis deux ou trois pincées de poivre en poudre & autant de ſel. Pendant que ce vinaigre chauffera, on coupera les poils qui ſeront ſur la partie où l'on devra appliquer le véſicatoire, ou mieux on la fera raſer; enſuite on la frottera vivement avec un linge un peu gros, & trempé dans le vinaigre chaud dont j'ai parlé tout-à-l'heure; on continuera de frotter, jusqu'à ce que la rougeur se manifeste. Il ne faut point ici avoir égard aux plaintes du Malade : il est même bon qu'il souffre un peu, pendant qu'on le frottera. Après avoir suffisamment irrité la partie, on appliquera l'emplâtre, par-dessus laquelle on mettra une compresse, & on assujettira le tout avec une bande, ou autrement, selon l'endroit où l'on aura fait cette application.

Si l'on a plusieurs emplâtres à appliquer, on se conduira à chaque application, comme je viens de l'indiquer.

L'application des vésicatoires occasionne assez ordinairement de fréquentes envies d'uriner, & même avec douleur; c'est pour s'opposer à ces accidens que plusieurs Praticiens conseillent de mêler quelques pincées de camphre en poudre avec les mouches Cantharides, & que tous preſcrivent à leurs Malades, pendant que leurs véſicatoires agiſſent, un uſage abondant d'eau de poulet, de veau, ou mieux de l'émulſion nitrée. La Garde aura donc attention d'inſiſter ſur l'uſage de ces boiſſons, pendant que l'application des mouches aura lieu.

On laiſſera les véſicatoires en place vingt-quatre heures, à moins que le Médecin n'ait recommandé de les lever plutôt. On connoîtra que les mouches auront produit leur effet, lorſqu'après avoir levé l'emplâtre, on verra une ou pluſieurs ampoules pleines d'eau : il arrive quelquefois que ces ampoules n'exiſtent pas, parce qu'elles ont été crevées par les mouvemens du Malade ; mais alors on verra que la peau ſera ſéparée des chairs : il faudra enlever toute cette peau, non en la coupant, mais en l'emportant avec les doigts. Je dois avertir que cet enlèvement de la peau occasionne de grandes douleurs au Malade; mais ses cris ne doivent point empêcher d'agir. Lorsque toute la peau séparée par l'action du vésicatoire aura été enlevée, on appliquera sur la plaie qui en aura résulté, des feuilles de bettes, qu'on aura fait amortir sur le feu, & sur lesquelles on aura étendu du beurre frais sans sel, avant de commencer à lever le vésicatoire; on assujettira bien le tout, comme ci-devant.

Il faudra panser la plaie une fois le jour seulement, à moins que la grande suppuration n'obligeât de panser plus souvent. On emploiera à chaque pansement de l'onguent suppuratif, ou celui qui aura été indiqué par le Médecin; on étendra l'un de ces onguens sur des feuilles de bettes ou poirées amorties sur le feu, sur du papier-joseph ou de soie: d'ailleurs on se conformera à ce qui est indiqué *au Chapitre des Pansemens*.

Si à la levée du véſicatoire on s'apperçoit qu'il n'a pas mordu, on arroſera l'emplâtre avec du vinaigre, on y mettra de nouvelles mouches Cantharides, & on l'appliquera de nouveau à la même place.

CHAPITRE XVII.

Des Saignées.

LA Garde préparera tout ce qui ſera néceſſaire pour cette opération; ſçavoir, une nappe pour garnir le lit du Malade, ſi on le ſaigne au lit, ou pour garnir ſes genoux, s'il eſt levé; une bande de toile un peu uſée, large de deux doigts & longue d'une aune pour le bras & de deux pour le pied; une compreſſe de linge fin; une chandelle ou une bougie allumée; un vaiſſeau pour recevoir le ſang; un gobelet avec de l'eau propre, du vinaigre ou quelqu'eau d'odeur.

Toutes ces choſes ſont également néceſſaires pour la ſaignée du bras & pour celle du pied ; excepté que pour cette derniére, au lieu d'un vaiſſeau pour recevoir le ſang, il faudra avoir un ſceau ou un chaudron plein d'eau chaude, que le Chirurgien refroidira à volonté : on aura auſſi un couple de ſerviettes propres, dont l'une ſera pour garnir les genoux du Chirurgien, & l'autre pour eſſuyer les jambes du Malade.

Pendant la ſaignée la Garde éclairera, & préſentera le vaiſſeau deſtiné à recevoir le ſang. Après la ſaignée elle ne s'éloignera pas du Malade, crainte qu'il ne tombe en foibleſſe ; elle examinera le bras de tems en tems, pour s'aſſurer ſi la bande ne ſe lâche point, ou ſi le ſang ne coule point. Dans le cas d'évanouiſſement, elle ſe comportera comme il eſt indiqué au *Chap. IV de la 3e. Partie.*

Il ſeroit utile qu'une Garde ſçût ſaigner, afin de ſuppléer à un Chirurgien dans un cas preſſant ; mais au moins il faut qu'elle ſçache réitérer une ſaigné, ou, comme l'on dit, rouvrir la veine. Je ſuppoſe ici qu'elle ait été chargée de reſſaigner le Malade: avant de faire cette opération, elle obſervera s'il eſt ſurvenu quelqu'accident capable d'en empêcher, tel que les friſſons, les ſueurs, le dévoiment, les règles, des éruptions, un flux d'hemorrhoïdes, ou quelqu'hémorrhagie; dans tous ces cas il ne faudra agir qu'après avoir conſulté le Médecin.

Si la plénitude de l'eſtomac étoit la ſeule cauſe qui empêchât de réitérer la ſaignée, il faudroit attendre trois ou quatre heures afin de laiſſer à la digeſtion le tems de ſe faire. Mais ſi le Malade n'avoit pris qu'un bouillon, l'on attendra une heure ſeulement, ou moins ſi le cas étoit preſſant.

Le Malade prendra un bouillon une heure après la ſaignée, ou bien il mangera une ſoupe, ſi les alimens ne lui ont pas été défendus.

CHAPITRE XVIII.

Des Opérations Chirurgicales.

LORS-qu'une opération aura été décidée, la Garde tiendra prêt, pour l'heure indiquée, du linge fin & un peu usé ; de la charpie; des bandes, qu'elle proportionnera pour la longueur à la grosseur du membre sur lequel l'opération devra être faite ; de la chandelle ou de la bougie ; de l'eau propre ; du vinaigre ou de l'eau d'odeur ; du vin ; des serviettes ; un réchaud garni de feu, & les médicamens que le Chirurgien aura demandés.

Si la Garde n'a pas assez de courage pour assister à l'opération, elle fera chercher quelques personnes pour la remplacer. Je suppose que le Chirurgien n'ait ni confrere, ni élève : la décence présidera au choix des aides, excepté le cas de grande nécessité. Ainsi l'on prendra des femmes, lors-

lorsqu'il s'agira d'opérer des femmes ou filles ; & des hommes, quand on opérera des hommes.

L'opération étant faite, on ôtera de la chambre du Malade tous les linges qui lui auront servi, & elle se conduira comme le Médecin & le Chirurgien le lui auront indiqué.

CHAPITRE XIX.

Des Pansemens.

LORSQU'UNE Garde sera obligée de panser une plaie, voici comme elle s'y prendra.

Après avoir préparé toutes les choses nécessaires au pansement, les avoir mises à sa portée sur le lit du Malade, dont les rideaux seront fermés, elle découvrira doucement la partie blessée, elle en ôtera les compresses les unes après les autres : si elles tiennent, elle les humectera avec de l'eau ou du vin chaud ; elle évitera de les tirailler : elle redoublera d'attention, lorſqu'il faudra enlever la charpie, afin de ne point occaſionner de douleur, de ne point enlever ou déchirer la cicatrice, & de ne point faire ſaigner la plaie. Lorſque la charpie ſera enlevée, elle couvrira la plaie avec un linge fin & chaud, elle eſſuiera les bords ſans toucher à la plaie ; enſuite elle y appliquera les médicamens, qui auront été preſerits, après les avoir fait un peu chauffer ainſi que les compreſſes ; enfin elle fera le bandage, obſervant de ne le ſerrer ni trop ni trop peu, & elle recouvrira la partie avec précaution. S'il y a des injections à faire ou des cataplaſmes à appliquer, la Garde ſe conformera à ce qui eſt indiqué dans les *Chapitres* où il eſt queſtion de ces remèdes.

INSTRUCTIONS

POUR

LES PERSONNES

QUI GARDENT LES MALADES.

TROISIEME PARTIE.

Du Gouvernement des Malades, relativement à différentes Maladies.

UNE Garde, qui ne sçauroit que ce qui est indiqué dans les deux premiéres Parties de cet Ouvrage, ne seroit pas suffisamment instruite ; il faut encore qu'elle sçache gouverner les Malades, leſon le genre de Maladie dont ils ſont affectés : c'eſt ce dont je vais m'occuper.

Comme ce ſeroit groſſir inutilement ce volume, que de faire autant de Chapitres qu'il y a de Maladies, je ne parlerai que des principales, auxquelles pourront être rapportées toutes celles qui ſeront du même genre ; par-là j'éviterai les répétitions, déja ſi multipliées dans le cours de ces Inſtructions.

CHAPITRE Ier.

Des Fiévres.

Sous ce titre je comprends toutes les fiévres ſoit continues, comme putrides, malignes, &c. &c. ſoit, intermittentes, comme les fiévres, quotidiennes, tierces, quartes, &c. &c.

On diſtingue, dans preſque toutes les fiévres, le tems du friſſon, & celui de la chaleur, deux circonstances qui exigent des soins différens.

Lorsque le frisson se fera ressentir, on couchera le Malade, s'il ne l'est déja, dans un lit bien bassiné; on le garnira plus qu'à l'ordinaire; on fera chauffer des serviettes, avec lesquelles on frottera ses membres; on appliquera autour de son corps & à ses pieds, des bouteilles ou des vessies pleines d'eau dont la chaleur sera supportable. Cette maniére de réchauffer est aussi prompte que salutaire. Dans ce moment la boisson du Malade sera chaude; excepté une ordonnance expresse du Médecin, il ne faudra lui donner aucune espèce de remèdes, & l'on suspendra l'usage de ceux qu'il prenoit avant le frisson. Les liqueurs spiritueuses, telles que le vin, le cidre, la bierre, ne valent rien *pour l'ordinaire*. Je dis, pour l'ordinaire : car si le frisson étoit violent, qu'il survînt à un vieillard, ou à quelques personnes très foibles, il seroit utile de leur donner quelques cuillerées de vin, ou quelque demi-verre de cidre ou de bierre; mais jamais d'eau-de-vie, de ratafias au autres liqueurs.

Quant aux alimens, l'usage en sera interdit au Malade tant que la fiévre durera : il ne faudra même pas donner de bouillon, que l'accès ne soit sur son déclin, ou diminué.

Lorsque la chaleur sera survenue, on ôtera les vessies ou bouteilles, que l'on avoit mises autour du Malade, on diminuera peu à peu le nombre des couvertures, jusqu'à ce qu'il ne lui en reste plus qu'une. On continuera de lui donner à boire le plus souvent possible, mais moins chaud s'il l'exige. Si la sueur survient, on se comportera comme je vais le dire dans le *Chapitre suivant*.

CHAPITRE II.

Des Sueurs & des Maladies éruptives.

CES deux maladies exigeant les mêmes attentions, j'ai cru devoir les comprendre dans ce Chapitre; ainsi, ce que je dirai de la ſueur, pourra être entendu de l'éruption.

Lorſqu'un Malade ſuera, la principale attention de la Garde ſera d'empêcher qu'il ne ſe découvre & qu'il n'ait froid, ſans cependant le charger de couverture ou de hardes; car il ne faudra jamais chercher à exciter la ſueur, à moins que cela n'ait été ordonné expreſſément par le Médecin. On eſſuiera le viſage du Malade avec un mouchoir propre & fin, non en frottant ou traînant, mais en preſſant ſeulement. Lorſque ſa chemiſe ſera bien mouillée, on lui en donnera une chaude & très-féche ; peu importe qu'elle ait été à la lessive, ou qu'elle ait déja porté, il suffit qu'elle ne soit point humide. Il ne faudra changer le Malade de chemise, que lorsque la sienne sera très-mouillée, & non avant. Il est bon de faire remarquer ici, que dans le cas où il y auroit une éruption avec la sueur, la Garde ne changera pas le Malade de chemise sans avoir demandé l'avis du Médecin.

Si la sueur ou l'éruption se supprimoit, & qu'il en résultât quelques accidens, on fera bassiner le lit du Malade ; on mettra dans la bassinoire trois ou quatre pincées de sucre en poudre ; on augmentera le nombre des couvertures ; on lui mettra aux pieds des briques chaudes ; on placera autour de ses reins, des vessies ou des bouteilles pleines d'eau d'une chaleur supportable ; ou si l'on en a la commodité, des pains chauds & ouverts par le milieu.

Mais tandis que l'on emploiera ces moyens, on enverra chercher un Médecin, qui prescrira ce qui sera convenable en pareille circonstance.

CHAPITRE III.

Des Inflammations.

Il est des inflammations externes, comme les éréfipelles, les dépôts, la goutte, l'inflammation de la gorge, &c. &c. Il en est d'internes, comme la pleurésie ou fluxion de poitrine, les inflammations de bas-ventre en général, ou d'un des organes qui y sont renfermés, comme l'estomac, le foie, la vessie, &c. &c.

Tous les momens sont précieux dans ces maladies; le moindre retard dans l'exécution des ordonnances du Médecin peut devenir funeste au Malade.

Si l'inflammation a son siége à la tête, soit intérieurement, soit extérieurement, il faudra réitérer ſouvent les fomentations, les bains des jambes, les boiſſons, &c.

Dans les inflammations de la gorge, outre les boiſſons & les bains des jambes, il faudra faire gargariſer le Malade très-ſouvent; & s'il ne le peut, on lui touchera le fond du goſier avec un pinceau trempé dans le gargariſme qui aura été indiqué. [*Voyez le Chapitre VII de la 2e. Partie.*]

Quand l'inflammation attaque la poitrine ou le bas-ventre, les boiſſons abondantes, les bains des jambes & ſur-tout les lavemens, doivent être multipliés ſans nombre. On n'oubliera pas de renouveller les applications émollientes auſſi ſouvent que cela aura été indiqué. [*Voyez le Chapitre IX de la 2e. Partie.*]

En général dans toutes les inflammations, quel qu'en ſoit le ſiége, plus il y a de fiévre & de douleur, & moins la Garde doit être dans l'inaction. [*Voyez* Douleurs, *au Chapitre VII de la 3ᵉ. Partie.*]

CHAPITRE IV.

Des Maladies Convulsives.

LES maladies qui doivent être rapportées à ce titre, sont toutes celles qui sont accompagnées de contractions subites & involontaires, soit que ces contractions arrivent à une partie ou à tout le corps, soit qu'elles soient continues ou qu'elles reviennent par intervalles.

Les maladies convulsives sont l'éternuement, le hoquet, les contractions des membres, le délire, le transport, l'épilepsie ou mal-caduc, la fureur, la rage, &c. &c.

Lorsque les convulsions seront violentes, il faudra empêcher que le Malade ne se blesse; si la Garde n'est pas assez forte pour le tenir, elle appellera du secours, à la faveur duquel elle l'attachera, prenant bien garde de le blesser. Il ne faudra employer ce moyen, que quand on manquera de monde pour aider à le tenir.

CHAPITRE V.

Des Foibleſſes ou Evanouiſſemens.

Si le Malade auquel il eſt ſurvenu une foibleſſe étoit levé, il faudra le coucher à plat ſur un lit ou par terre, en obſervant que ſa tête ſoit un peu moins baſſe que le reſte de ſon corps. On ouvrira les portes & les fenêtres ; on lui fera reſpirer des odeurs fortes, comme de l'eau-de-vie de lavande, de l'eau des carmes, de la reine-d'hongrie, de luce, &c.

Si ce ſont des femmes vaporeuſes qui s'évanouiſſent, il faudra leur faire brûler ſous le nez des plumes ou de vieilles ſavates, de la corne, &c. On évitera de leur jetter de l'eau froide au viſage.

Lorſque les Malades commenceront à revenir de leur évanouiſſement, on leur fera prendre un peu de vin, ou d'eau froide. Si la foiblesse survenoit à la suite d'une hémorrhagie, il faudroit avoir égard à ce qui est indiqué au *Chapitre* suivant.

CHAPITRE VI.

Des Hémorrhagies.

Sous ce titre je comprens tous les écoulemens sanguins immodérés. Dans ces cas toujours dangereux, il faudra faire observer aux Malades la plus grande tranquillité, ne pas même permettre qu'ils parlent ; on ne laissera sur leur lit qu'une simple couverture ; on n'échauffera point leur chambre : car il vaut mieux qu'ils aient froid, que chaud. On leur fera prendre bien exactement les remèdes qui auront été prescrits ; on réitérera les saignées aussi souvent que le Médecin l'aura indiqué.

Si, malgré toutes ces précautions, l'hémorragie survenoit, il faudroit envoyer chercher promptement un Médecin ou un Chirurgien : & en attendant que l'un ou l'autre vînt, on tâcheroit de s'oppoſer à la ſortie du ſang, en comprimant, s'il étoit poſſible, le vaiſſeau qui fourniroit; ou en bouchant l'ouverture avec le doigt, de l'agaric, ou de la charpie très-fine.

Il eſt une eſpèce d'hémorrhagie, qui, lorſqu'elle eſt très-grande, ne donne pas le loiſir d'appeller de ſecours, & fait périr les Malades en peu de tems : c'eſt celle qui ſurvient quelquefois aux filles ou aux femmes, & qui eſt connue ſous le nom de perte. Soit que cette hémorrhagie ſurvienne naturellement, ſoit qu'elle arrive après un accouchement ; ſi elle eſt conſidérable, la Garde tâchera de s'oppoſer au cours du ſang, en introduiſant dans les parties des lambeaux de linge ou d'étoupes imbibés de vinaigre[*]; elle les tamponnera, pour ainſi dire.

(*) *Ce moyen ſi ſimple, ſi efficace, connu des Anciens & preſque oublié, vient d'être préconiſé de*

S'il ſurvient des évanouiſſemens ou des foibleſſes, il faudra tâcher de faire revenir les Malades, mais par des moyens très-doux, & ſans trop ſe preſſer. L'uſage du vin & des liqueurs ſeroit pernicieux dans ce cas.

CHAPITRE VII.

Des Douleurs.

CE genre de maladie exige beaucoup d'attention, de ménagement & de patience de la part de la Garde. Elle préviendra le Malade, lorſqu'il deſirera changer de ſituation; elle lui donnera bien exactement les remèdes preſcrits par le Médecin; elle appliquera, aux heures indiquées, les médicamens qui auront été conſeillés par le Chirurgien; enfin elle contribuera de ſon mieux à rendre les douleurs ſupportables. Il ne faudra pas cependant que la complaiſance aille juſ-

nouveau par M. LE ROUX, Maître en Chirur. à Dij. dans ſon excellent ouvrage qui a pour titre: Obſerv. ſur les pertes de ſang des Femmes, &c. 1776.

qu'à renouveller l'application des médicamens aussi souvent, que pourroient l'exiger certains Malades impatiens.

CHAPITRE VIII.

Des Maladies Comateuses ou d'Assoupissement.

SOUS ce titre je comprens l'apoplexie, la léthargie, l'assoupissement & autres semblables. Dans toutes ces maladies, il est important de tourmenter les Malades. On leur rendroit un bien mauvais service, si on les laissoit tranquilles; il faudra donc les agiter, les secouer, les pincer, les frotter avec du linge un peu gros, leur frapper dans les mains, leur faire flairer des odeurs très-pénétrantes, comme de l'alkali volatil, de l'eau de luce, des carmes, &c.: les flageller avec des orties, si le mal est très-grand. Tous ces secours seront continués jusqu'à ce que les Malades ſoient revenus à eux. Du reſte on ſe conformera aux ordres du Médecin.

CHAPITRE IX.

Des Maladies Vaporeuſes.

Il n'eſt pas de maladie qui exige plus de patience de la part de la Garde, que les vapeurs. Les injures les plus atroces, les menaces, les ſoupçons, les calomnies, ſont très-ſouvent la récompenſe de ces ſoins. Douceur, colére, amitié, haine, promeſſes flatteuſes, emportemens, tranquillité, inquiétudes, ris, danſes, pleurs, gémiſſemens, &c. &c. ſont autant d'alternatives auxquelles doit s'attendre celle qui gouverne des vaporeux ; ſur-tout lorſque la maladie eſt au ſuprême dégré.

Dans cette triſte poſition la Garde n'a rien de mieux à faire, que de s'armer de patience & de courage, afin de tout voir & de tout entendre, ſans montrer la moindre émotion, la moindre ſenſibilité ; ſur-tout elle ſe donnera bien de garde de donner lieu à la contradiction, car elle s'expoſeroit à irriter les Malades. Le point capital pour gagner leur confiance, c'eſt de leur donner une entiére liberté, pourvu toutefois qu'elle ne leur ſoit pas nuiſible ; car s'ils étoient diſpoſés à ſe faire du mal, il faudroit les veiller de près. S'ils pleurent, laiſſez-les pleurer ; s'ils méditent, ne les interrompez pas ; s'ils rient, riez avec eux ; s'ils deſirent quelque choſe, tâchez de le leur procurer ; ſi ce qu'ils deſirent eſt mauvais, faites enſorte de les diſtraire ; & s'ils inſiſtent, faites ſemblant de vouloir ſeconder leurs deſirs : en un mot il faudra leur accorder, ou faire ſemblant de leur accorder tout ce qu'ils ſouhaiteront. D'ailleurs on exécutera les ordonnances du Médecin le plus exactement qu'il ſera poſſible.

CHAPITRE X.

Des Femmes grosses & en travail.

La Garde qui sera chez une Femme grosse, ne s'éloignera point de la maison ; elle veillera à l'exécution des ordonnances du Médecin & de l'Accoucheur.

Aux premiéres douleurs qui se feront sentir, la Garde enverra chercher la Sage-femme ou l'Accoucheur, selon l'intention de la Malade. Pendant que l'un ou l'autre viendra, elle fera préparer le lit de misére. Elle oindra les parties de la femme, toutes les demi-heures, avec de la graisse douce & sans sel, du beurre frais non salé, ou de la pommade liquide qui ne soit point rance. Elle soutiendra la Malade pendant les douleurs ; elle lui aidera à se lever ou à se coucher, selon qu'elle le demandera ; elle ne lui fera prendre aucune liqueur échauffante, pendant les douleurs, ni dans leur intervalle; elle ne lui donnera point de lavemens irritans, dans la vue d'accélérer l'Accouchement, à moins qu'une Sage-femme instruite ou un Accoucheur ne les ait indiqué.

La Garde aura l'attention de faire apporter dans la chambre de la Malade une bouteille de vinaigre, de l'eau froide, une féringue, du fil & des cizeaux; quoique la plus grande partie de ces choses soit très-souvent inutile, il est bon de les avoir en cas de perte, qui ne permet pas toujours d'aller chercher ce qui convient pour y remédier.

Il ne faudra ouvrir ni portes ni fenêtres pendant que la femme sera en travail, à moins qu'il ne fît excessivement chaud dans la chambre de la Malade; alors on ne laissera entrer d'air extérieur, que ce qu'il faudra pour la rafraîchir un peu.

CHAPITRE XI.

Des Femmes nouvellement accouchées.

[*] DÈs l'inſtant que la Femme ſera accouchée & délivrée, il faudra paſſer ſous ſes reins un drap plié en huit & chaud. On la laiſſera ſur le lit où elle aura accouché pendant un ou deux heures; pendant ce tems on préparera ce qui ſera néceſſaire, pour la changer, & l'on fera faire ſon lit. [*Voyez le Chapirre IV de la Ie. Partie.*]

Avant de coucher la Malade, on lui donnera un bouillon, & lorſqu'elle ſera dans ſon lit & bien garnie des linges néceſſaires, pour recevoir les lochies, on la laiſſera tranquille; on interdira l'entrée de ſa chambre à toutes les voiſines ou amies qui ſe préſenteront: il ne faudra cependant pas

(*) *Traité des accouchemens de M. de Leurie fils.* 1770.

la laisser dormir pendant les premiéres heures qui suivront l'accouchement, de crainte qu'il ne survînt une perte, qui feroit périr l'Accouchée en peu de tems.

Ce seroit exposer l'Accouchée à de grands dangers, que de trop échauffer son appartement, de permettre qu'on y portât des fleurs, ou qu'on y introduisît quelques odeurs agréables ou désagréables, de garnir son lit d'un grand nombre de couvertures ou de couvre-pieds. Une Femme en couche ne doit pas ressentir de froid; mais aussi il ne faut pas qu'elle ait trop chaud, & surtout dans le cas de perte, où il seroit alors plus salutaire, qu'elle eût un peu plus froid que chaud. *V. le Chap. VI de cette 3e. Partie.*

Tout ce que l'on présentera à la nouvelle Accouchée, sera chaud. Il faudra avoir grande attention, & sur tout l'été, de renouveller souvent ses linges : car la chaleur leur fait acquérir une odeur très-désagréable, & qui peut devenir la source de mille accidens. Les linges que l'on ſubſtituera à ceux qu'on aura ôtés, ſeront très-propres, ſecs & chauds.

Les nouvelles Accouchées étant plus ſuſceptibles des vives impreſſions que les autres Malades, il faudra renouveller d'attention pour que rien ne les affecte. Une ſurpriſe, une joie, une légére inquiétude, un petit chagrin, une contradiction, qui à peine mériteroit quelqu'attention dans toute autre circonſtance, pourroit dans ce cas-ci être la cauſe de bien des maux, & même de la mort.

S'il eſt dangereux de s'oppoſer aux volontés des nouvelles Accouchées, il ne ſeroit pas moins funeſte de leur accorder tout ce qu'elles pourroient exiger : par exemple, ſi une Femme veut changer de coëffe ou de chemiſe, ſi elle veut ſe lever avant le tems preſcrit par l'Accoucheur, il faudra bien ſe donner de garder de ſeconder ſes deſirs ; mais on lui repréſentera avec douceur tous les dangers auxquels elle s'expoferoit ; on citera des exemples de femblables imprudences, qui malheureufement ne font que trop fréquens.

Si les lochies ou vuidanges fe fupprimoient, on feroit mettre les jambes de la Malade dans l'eau chaude, & fi cette fuppreffion donnoit lieu à des accidens, tels que le mal de tête, le tranfport, &c. il faudroit fans différer faigner la Malade du bras, [*] lui faire boire beaucoup d'eau de veau ou de poulet, appliquer fur le bas-ventre du lait doux & chaud, ou quelque décoction émolliente : je fuppofe le cas très-preffant, & que la Garde ne puiffe pas avoir le Médecin ou l'Accoucheur auffi promptement qu'il feroit néceffaire. Les liqueurs fpiritueufes & échauffantes, fi recommandées par les commeres, font toutes plus ou moins mor-

[*] *De Leurye, Traité des accouchem.*

telles

telles. On ne donnera donc ni vin, ni cidre, ni eau-de-vie, ni eau de méliſſe, ni myrrhe, &c. &c.

CHAPITRE XII.

Des Enfans nouveaux-nés.

CE que je vais dire paroîtra plus du reſſort de la Sage-femme, que de la Garde : mais comme celle-ci peut ſe trouver auprès de quelques Malades qui n'ont point de Sage-femme, il faut qu'elle ſçache ce qui eſt néceſſaire pour en tenir lieu.

Lorſque la Garde aura reçu l'enfant des mains de l'Accoucheur, ſa premiére occupation ſera de voir s'il a quelques difformités, enſuite elle liera le cordon ombilical à demeure ; mais avant de faire cette ligature, elle fera monter & ſortir, avec ſes doigts & ſon pouce, tout le ſang qui ſera à la racine du nombril [*] : la foibleſſe

[*] *Le Chevalier* [illegible] *par M. Levret, Journal de Méd. Avril 1772.*

de l'enfant ne ſera point une raiſon pour s'en diſpenſer, à moins qu'elle ne fût extrême. La ligature ſera faite avec pluſieurs fils forts unis enſemble & cirés ; on la placera à environ deux travers de doigts du ventre : le premier nœud ſera ſerré par gradation, & l'on prendra garde de ne pas couper le cordon avec cette ligature, ce qui arriveroit ſi on la ſerroit trop fort ; on fera un ſecond nœud ſur le premier. Il ſera prudent de faire une ſeconde ligature, que l'on placera à quelque diſtance de la premiére.

On a coutume de laver l'enfant, pour lui ôter le limon qui eſt ſur ſa peau; mais cette pratique ne vaut rien : il eſt plus ſalutaire de ne point toucher à cet enduit, qui s'enlève ſeul par la ſuite en s'attachant aux linges qui envelopent l'enfant. [*] Quelque parti que l'on prenne, on entourera le cordon ombilical

---

[*] *De Leurye, La Mère ſelon l'ordre de la nature.* 1772.

d'une compresse enduite de beurre frais, par-dessus laquelle on mettra une autre compresse un peu épaisse ; le tout sera soutenu par un bandage de corps : on lui mettra sur la tête un bonnet très-simple & très-léger. Le vêtement consistera en une demi-chemise & une brassiére, qui sera attachée avec des cordons.

La couche de l'enfant sera composée d'un matelas, sur lequel on mettra un paillasson fait de paille d'avoine, de deux petits draps & d'une couverture. Le tout arrangé, dans un berceau d'osier ou d'autre matiére, comme si c'étoit le lit d'une grande personne. On couchera l'enfant sur l'un ou l'autre côté, on le contiendra avec des rubans sans le gêner, mais seulement pour empêcher qu'il ne roule à terre. L'enfant ainsi accommodé pourra être transporté par-tout où l'on voudra. Car je suppose que l'on ait fait construire un berceau très-léger

& aſſez commode, pour que la nourrice puiſſe donner à tetter à ſon enfant, ſans le lever. Il eſt ſans doute inutile d'avertir que l'on doit avoir un nombre ſuffiſant de draps & de matelas, pour en changer autant de fois que cela ſera néceſſaire.

Il ne faudra donner à tetter à l'enfant que toutes les deux heures lorſqu'il ne dort pas, & la nuit lorſqu'il s'éveillera. Il ne faudra pas ſurcharger ſon eſtomac : le lait ſeul de la mere ou de la nourrice lui ſuffira juſques vers le ſept ou huitiéme mois.

On laiſſera dormir l'enfant tant qu'il voudra, on ne l'éveillera pas même pour le faire tetter ; on placera ſon berceau de maniére qu'il reçoive le jour en face ; on ne bercera jamais l'enfant, qui aura de la peine à s'endormir, &c. Les bornes que je me ſuis preſcrites, m'obligent de ſupprimer ici tout le détail des autres ſoins qu'exigent les nouveaux-nés. On les trouvera très-bien décrits dans un bon Ouvrage, qui a pour titre : *La Mere selon l'ordre de la nature ; avec un Traité sur les Maladies des Enfans. Par M.* DE LEURYE, *Fils. A Paris, chez Thomas Herissant*, 1772.

CHAPITRE XIII.

Des Convalescens.

On dit qu'un Malade entre en convalescence, lorsque les accidens qui constituoient ou qui accompagnoient la maladie, se dissipent. Alors la fiévre cesse, l'appétit revient, les douleurs diminuent, les fonctions se rétablissent, &c. Dans cet état les Gardes ne doivent pas ralentir leur vigilance ; les Malades ne manqueroient pas de profiter des circonstances qui pourroient favoriser leurs desirs ; car ils s'imaginent qu'ils n'ont rien de mieux à faire, que de suivre leur penchant, qu'ils satisferoient avec trop d'avidité. Les privations auxquelles on les assujettit leur paroissent, ainsi qu'aux assistans, d'autant plus inutiles & plus cruelles, qu'ils ne ressentent aucunes douleurs, & que leurs fonctions s'opérent avec facilité ; mais si on les abandonnoit à eux-mêmes, ils ne tarderoient pas à ressentir les funestes effets d'une telle complaisance.

Les bouillons succulens, les consommés, doivent faire la nourriture de ceux qui commencent à entrer en convalescence. Au bout de quelques jours on en augmentera la quantité, mais peu-à-peu. On leur donnera d'abord des œufs frais à déjeuner avec quelques mouillettes ; à dîner, du potage au riz, ou au gruau, à la semoule, ou au vermicel, avec le quart d'une aile de poulet : à goûter, une tranche de pain avec un peu de confitures, ou de fruits cuits. Le soir une soupe seulement.

A mesure que la convalescence se fortifiera, on augmentera la nourriture, mais toujours par dégrés. Plus le convalefcent s'éloignera du tems de la maladie, & plus il mangera fouvent, mais peu à chaque fois; il boira un peu de bon vin à chaque repas, auquel il mettra un peu d'eau d'abord, mais qu'il pourra fupprimer par la fuite, s'il le juge à propos.

Si le convalefcent mangeoit beaucoup fans prendre de force, il faudroit lui retrancher de fa nourriture, & même ne lui permettre que la foupe, jufqu'à ce qu'il fût fuffifamment évacué, ou qu'on eût remedié au vice de l'eftomac.

Les convalefcens feront le plus d'exercice qu'il leur fera poffible, fans cependant qu'il foit outré: la fatigue, bien loin de contribuer à les fortifier, les affoibliroit; mais ils pourront fe promener dans leur chambre d'abord, puis dehors, s'il ne fait pas trop froid, & que le tems le permette.

Il fera bon que les convalefcens changent de chambre, s'ils en ont la facilité ; on leur inſpirera de la joie ; on leur procurera le plus de récréation qu'il ſera poſſible ; on évitera de les entretenir de leur maladie & des dangers auxquels ils étoient expoſés. Ce ne ſera qu'après un parfait rétabliſſement, qu'on ſe permettra de leur parler d'affaires, ou de leur annoncer quelques nouvelles triſtes. Enfin la Garde exécutera avec la même exactitude les ordonnances du Médecin.

CHAPITRE XIV.

Des Morts.

IL n'eſt pas toujours poſſible de conſerver la vie des Malades. La grandeur ou la complication de leurs maladies, la conſtitution des ſujets qui en ſont affectés, le grand âge de pluſieurs, ſont les cauſes les plus ordinaires de la mort, à laquelle l'expérience la plus conſommée des Médecins, l'habileté des Chirurgiens, l'exactitude la plus ſcrupuleuſe des Gardes, ne ſçauroient s'oppoſer.

Mais la mort, inévitable à tous les hommes, n'eſt pas toujours accompagnée de ſignes certains; & les moyens que l'on a coutume d'employer pour s'aſſurer de ſon exiſtence, ſont tous inſuffiſans. On a plus d'une fois retiré du cercueil ou du tombeau, des perſonnes qui, d'après les épreuves ordinaires, avoient été regardées comme mortes. Ce ſont des faits bien conſtatés, univerſellement connus, & auxquels cependant le commun des hommes ne fait point d'attention. A Londres, à Gênes, dans le Nord, en Allemagne, on n'enterre les morts qu'au bout de trois ou quatre jours: il y a même, dans quelques-uns de ces lieux, des Commiſſaires-inſpecteurs des corps pour conſtater la mort. Mais en France à peine un Malade paroît-il avoir rendu le dernier ſoupir, qu'on l'envelope dans un drap, & qu'on le met ſur la paille ou dans un cercueil. Dans le cas où il ne ſeroit pas réellement mort, ce ſeul traitement ſuffiroit pour l'empêcher de revenir à la vie. Je ne connois que la ſeule ville d'Arras [*] qui ait employé l'autorité pour réprimer un abus, dont les ſuites peuvent être ſi affreuſes. Les Magiſtrats de cette ville ordonnérent, par un Réglement qui fut publié le 24 Janvier 1772, aux perſonnes qui ſeroient près des Malades, de laiſſer dans leur lit ceux qu'elles croiroient morts, & de les tenir couverts, à l'exception de la tête qui devra être libre : ils défendirent aux Menuiſiers & autres ouvriers de renfermer les corps dans les cercueils avant le terme au moins de 24 heures, & de 48 pour ceux qui ſeroient morts ſubitement.

Il me ſemble que l'humanité devroit dicter à tous les hommes une conduite ſi ſage. Hé! qui ſçait ſi cette derniére marque d'attachement ne ſeroit pas amplement ré-

---

[*] Depuis que ceci eſt écrit, j'ai appris que d'autres villes s'étoient empreſſés de ſuivre un exemple ſi digne du ſiécle où nous vivons.

compensée par la joie inexprimable de posséder de nouveau un époux tendrement aimé, un enfant chéri, une mere adorée, un ami, un bienfaiteur, en un mot un citoyen ? La chose est arrivée plus d'une fois; elle est donc possible: or si elle est possible, pourquoi ne pas différer de rendre les derniers devoirs aux personnes dont on pleure la perte, jusqu'à ce que leur mort soit bien constatée ?

On sent qu'une telle précaution seroit inutile pour ceux qui meurent de vieillesse, de peste, de maladies putrides, ou après avoir perdu tout leur sang; encore ce dernier cas est-il suceptible de la plus scrupuleuse attention, puisqu'il est arrivé qu'on a rappellé à la vie des personnes que l'on croyoit mortes depuis plusieurs jours, à la suite d'une violente hémorrhagie.

Excepté donc les trois premiers cas, les Gardes ne se presseront pas d'ensévelir ceux qu'elles croiront morts. Le terme de vingt-quatre & de quarante-huit heures, que M.M. les Magiſtrats d'Arras ont preſcrit, n'eſt pas ſuffiſant pour conſtater la mort, ſurtout dans l'hiver. La putréfaction étant le ſeul ſigne qui la caractériſe, il faudra attendre qu'elle commence à ſe manifeſter, avant que d'enſévelir celui que l'on croira défunt; mais il faudra bien diſtinguer ce commencement de putréfaction, d'avec l'odeur cadavéreuſe que fourniſſent les excrémens que le Malade rend quelquefois avant de tomber en foibleſſe ou de mourir.

En attendant ce ſigne certain de la mort, la Garde exécutera avec l'exactitude la plus ſcrupuleuſe, & ſans ſe rebuter, tout ce que le Médecin lui aura preſcrit. Ne lui ſera-t-il pas plus glorieux d'avoir tenté des moyens inutiles, que d'avoir contribué par ſon inaction à la mort de ceux qui n'en avoient que les apparences? Rien ne peut exprimer le plaiſir que lui cauſe;

roit une réussite. Voici comment elle se conduira, en attendant les conseils du Médecin.

D'abord elle fera ouvrir les portes & les fenêtres, s'il ne fait pas trop froid. Elle frottera tout le corps & les membres avec de gros linge ou de grosse étoffe de laine; elle soufflera dans le nez de celui qu'elle soupçonnera mort, du tabac, ou du poivre; elle y introduira de la moutarde, ou de l'eau de luce; elle irritera tout le corps avec des orties; elle soufflera dans le nez & dans la bouche, de la fumée de tabac; elle en fera prendre en lavement, si cela lui est possible; elle pourra encore tenter les lavemens faits avec une décoction de tabac; elle appliquera plusieurs emplâtres vésicatoires n'importe à quel endroit. Quelqu'inutiles que paroissent tous ces moyens, la Garde les continuera jusqu'à l'arrivée du Médecin, qui lui indiquera ce qu'il croira convenable en pareille circonstance.

INSTRUCTIONS

POUR

LES PERSONNES

QUI GARDENT LES MALADES.

QUATRIEME PARTIE.

Des Remèdes qui peuvent être préparés par les Gardes.

TOUT le monde n'a pas le moyen ou la facilité de faire préparer chez un Apothicaire les remèdes indiqués par le Médecin ou le Chirurgien: d'ailleurs il en est qui doivent être composés chez le Malade même ; de ce nombre sont les tiſannes, les eaux de veau & de poulet, les cataplaſmes, &c. &c. Il arrive ſouvent qu'après avoir bïen expliqué aux Gardes la maniére dont elles doïvent s'y prendre pour bien faire tel ou tel remède, celui qui a pris cette peine n'eſt pas plutôt ſorti, qu'elles ont oublié ſinon tout, au moins la plus grande partie de ce qu'on leur a dit. De-là ces mépriſes ſans nombre, toujours préjudiciables aux Malades. C'eſt ce qui m'a engagé à raſſembler ici les formules des Médicamens les plus en uſage, & d'expoſer les règles à ſuivre dans leur compoſition.

CHAPITRE Ier.

Des Infuſions.

LES infuſions ſont des médicamens liquides, qui ſe font à froid, ou à l'aide d'une douce chaleur, mais jamaïs par ébullition : voici les règles à obſerver à ce ſujet.

1°. On verſe la liqueur bouillante ſur la ſubſtance qu'on veut mettre infuſer: on couvre le vaiſſeau, & l'on fait durer l'infuſion juſqu'à ce que la liqueur ſoit à demi refroidie, ou que la matiére qui infuſe ſoit précipitée au fond du vaiſſeau. C'eſt au Médecin à déterminer la quantité du Médicament, qu'il veut que l'on faſſe infuſer, & la doſe de la liqueur dans laquelle l'infuſion doit être faite.

2°. Lorſque les ſubſtances que l'on doit faire infuſer, ſont groſſes, dures; que ce ſont des bois, des écorces, des racines; il faut les couper, les concaſſer, & les faire infuſer bien plus long-tems.

3°. Si les ſubſtances qu'on veut faire infuſer, contiennent quelque choſe de volatil ou d'aromatique, on les renfermera pendant l'infuſion dans des vaiſſeaux très-clos.

N°. 1.

INFUSION RAFRAICHISSANTE.

PRENEZ *pimprenelle & cerfeuil, de chaque une poignée.*

Mettez-la infuſer dans une chopine d'eau chaude l'eſpace d'une heure ou deux.

N°. 2.

INFUSION DE RHUBARBE.

PRENEZ *Rhubarbe concaſſée, un gros.*

Laiſſez tremper, pendant trois ou quatre heures, dans de l'eau froide.

N°. 3.

INFUSION ANTI-SCORBUTIQUE.

PRENEZ *racines de Raifort ſauvage, une once; feuilles de cochléaria & de creſſon, de chaque une poignée*: faites infuſer chaudement, l'eſpace de douze heures, dans deux pintes d'eau: paſſez: ajoûtez à la colature deux onces de *Syrop de cochléaria.*

Cette Infuſion doit être faite dans un vaiſſeau clos.

N°. 4.

INFUSION AMERE.

PRENEZ *racine de Gentiane*, *deux gros*; *sommités de petite centaurée*, *demi-once* : faites infuser le tout, pendant quatre heures, dans une pinte d'eau bouillante.

N°. 5.

INFUSION VULNERAIRE.

PRENEZ *Vulnéraire de suisse*, *deux gros* : versez dessus *deux verres d'eau bouillante* : laissez infuser pendant une demi-heure, & passez.

CHAPITRE II.

Des Décoctions.

LA Décoction est un médicament dont l'usage est interne ou externe, que l'on prépare en faisant bouillir, dans une liqueur quelconque, la substance ou les substances dont on veut extraire les vertus qu'elles contiennent.

Voici les règles générales qu'il faut obſerver en faiſant une décoction composée de ſubſtances de différente nature.

1°. [*] On commence par faire bouillir les ſubſtances qui ſont dures & ſèches, telles que l'orge, les raclures d'ivoire ou de corne de cerf, les bois, les racines ſèches : on y met enſuite les racines récentes, comme celles de chicorée, de patience ſauvage, &c. mondées de leurs cœurs ligneux, ſi elles en ont, & coupées par morceaux : on les fait bouillir ſeulement huit ou dix minutes : alors on met les fruits coupés & mondés de leurs noyaux, grains ou écorces, ſuivant ce qu'ils ſont ; on met enſuite les herbes non aromatiques hachées groſſiérement, & d'abord celles qui ſont ſèches, enſuite celles qui ſont vertes : on continue par les ſemences non

[*] *Lemery, Pharmacopée, &c.*

odoriférentes concaſſées ; puis on verſe cette décoction bouillante dans un vaiſſeau, qui ſe bouche bien, & dans lequel on a mis les plantes aromatiques, anti-ſcorbutiques, & toutes les eſpèces de capillaires coupées groſſiérement, les ſemences odoriférentes qu'on a concaſſées, la canelle, le ſantal citrin, le ſaſſafras, la régliſſe, &c. On couvre le vaiſſeau ; & lorſque la décoction eſt entiérement refroidie, on la paſſe avec expreſſion ; on la laiſſe dépoſer, afin de ſéparer les fèces qui ont paſſé avec la liqueur au travers du linge.

2°. Quand on fait entrer des racines bulbeuſes dans les décoctions, on doit les mettre un peu avant les fleurs.

3°. Lorſqu'on fait entrer, dans les décoctions, des ſubſtances animales qui ne contiennent rien de volatil, comme du veau, un poulet, des grénouilles, &c. on doit les mettre au commencement de la décoction, afin qu'elles aient le tems de cuire. Lorſque ce ſont des écreviſſes, ou toute autre matiére animale facile à cuire, & qui fournit, en cuiſant, quelques matiéres volatiles; on les met, après les avoir concaſſées, avec les ſubſtances de l'infuſion.

4°. En général, on ne doit pas faire bouillir trop long-tems les ſubſtances qu'on ſoumet à la décoction; parce que les principes que fourniſſent les végétaux pendant leur infuſion, ou par une légére décoction, ſont différens de ceux qu'on obtient par une forte ébullition.

5°. Lorſqu'on fait entrer dans les décoctions des ſucs ſucrés, comme la manne, le miel, le ſucre, ou des ſubſtances qui en contiennent, comme la caſſe, on doit les mettre ſur la fin; & lorſque les décoctions ſont paſſées, on paſſe la décoction de nouveau, s'il eſt néceſſaire: il en eſt de même pour les gommes, réſines, telles que la ſcammonée. Ces ſubſtances doivent être réduites en poudre, & il faut les délayer dans les décoctions, lorſqu'elles ſont preſqu'entiérement refroidies.

6°. On clarifie les décoctions avec le blanc d'œuf, (*Voyez le Chap. ſuivant* pour ce procédé) quand on veut qu'elles ſoient moins dégoûtantes ; cela ſe doit faire avant de les verſer ſur les aromates.

7°. Enfin on ſe ſervira, pour faire les décoctions, d'un vaiſſeau de terre, & jamais de cuivre ou d'étain, & on aura l'attention de faire un feu égal & ſans fumée.

Les bouillons, les tiſannes, les apozêmes, les lavemens, les fomentations, étant autant de décoctions, je crois devoir en placer ici les formules, auxquelles j'ajoûterai celles de quelques potions purgatives.

BOUILLONS.

N°. 1.

BOUILLON ADOUCISSANT.

PRENEZ *un poulet & une tortue* dont on aura ôté l'écaille, la tête, la queue & les pieds : faites bouillir pendant quatre heures dans une ſuffiſante quantité d'eau. Un peu avant que de retirer le bouillon du feu, ajoûtez une demi-poignée de *feuilles de bourrache* & autant de celles *de chicorée.*

N°. 2.

BOUILLON FORTIFIANT.

PRENEZ *chair de veau, deux livres ; la moitié d'un bonne poule ; ſix écreviſſes de riviére ; racine de fenouil, une demi-once ; racines ſéches d'aulnée, deux gros* : faites bouillir, & quand la viande ſera cuite, jettez dans le pot une poignée de *feuilles de méliſſe* : paſſez pour deux bouillons : ajoûtez à chaque dose huit gouttes *d'élixir de propriété.*

N°. 3.

BOUILLON RAFRAICHISSANT.

PRENEZ *un poulet écorché & vuidé* ; rempliſſez le ventre *d'une poignée d'orge*, & d'une *demi-once de ſemences froides majeures* : faites cuire dans une ſuffiſante quantité d'eau, pendant trois heures : écumez : enſuite ajoûtez *des feuilles de chicorée & de laitue*, de chaque une demi-poignée : faites bouillir le tout une demi-heure. On peut ajoûter pour les eſtomacs foibles *un peu de canelle*, ce qui ſe ſera quelques momens avant que d'éloigner le bouillon du feu.

N°. 4.

[*] EAU DE VEAU.

PRENEZ *maigre de veau, quatre* onces

[*] *Si le cas étoit preſſant, on pourroit ſe ſervir de ces eaux après une heure ou même une demi-heure d'ébullition.*

onces ; faites cuire dans une pinte d'eau, pendant deux heures.

No. 5.

(*) EAU DE POULET.

PRENEZ *un poulet écorché & vuidé* ; faites-le cuire, pendant deux heures, dans deux pintes d'eau.

TISANES.

No. 1.

EAU DE RIZ, EAU D'ORGE.

LA dofe du riz eft *de deux onces*. Celle de l'orge eft *d'une demi-poignée* pour deux pintes d'eau, que l'on fait bouillir jufqu'à ce que ces graines foient crevées ou cuites.

Nota. Lorfqu'il s'agit de l'eau d'orge, il faut avoir attention de jetter la premiére eau dans laquelle il aura bouilli quelques minutes ; enfuite on mettra d'autre eau fur le même orge pour le faire cuire.

(*) *On peut ajoûter à ces eaux, du riz, des quatre femences froides, à la dofe de deux gros.*

N°. 2.

TISANE ADOUCISSANTE.

PRENEZ *une once de graine de lin* : envelopez-la dans un linge : mettez ce nouet bouillir trois ou quatre bouillons dans deux *pintes d'eau d'orge* ou d'eau commune.

N°. 3.

TISANE APERITIVE.

PRENEZ *racines de chiendent & de chardon-roland , de chaque une once ; feuilles de ſcolopendre , une poignée* : faites bouillir les racines dans deux pintes d'eau pendant une demi-heure : puis ajoûtez les feuilles, laiſſez jetter quelques bouillons : vous y mettrez une demi-once de regliſſe effilée, un peu avant de retirer le pot du feu.

N°. 4.

TISANE ASTRINGENTE.

PRENEZ *racine de quinte-feuille , une once ; feuilles de pervenche*

& de mille-feuille, de chaque une poignée : faites bouillir dans deux pintes d'eau l'espace d'une demi-heure.

N°. 5.

TISANE DIURETIQUE.

PRENEZ *écorce de racine de chausse-trape, une once & demie; des fruits d'alkekenge*, vingt: faites bouillir dans une suffisante quantité d'eau & réduire à deux pintes; un moment avant que d'éloigner la tisane du feu, ajoûtez deux gros de racine de régliſſe.

APOZÊMES.

N°. 1.

APOZÊME BECHIQUE.

PRENEZ *riz lavé, une demi-once*; faites-le crever dans une *pinte d'eau* bouillante : sur la fin, ajoûtez *réglisse concassée, un gros; capillaire & fleurs de tussilage, de chaque une pincée* : passez : ajoûtez à la colature *deux onces de syrop de coquelicot.*

N°. 2.

APOZÊME STOMACHIQUE.

PRENEZ *racine de gentiane* coupée par tranches, *deux gros*: faites bouillir, pendant un demi-quart-d'heure, dans une pinte d'eau: enſuite ajoûtez *ſommités de petite centaurée & ſommités de ſcordium*, de chaque une pincée; *écorce fraîche de citron, une demi-once*: *laiſſez infuſer, juſqu'à ce que la liqueur ſoit refroidie*: *alors paſſez*.

N°. 3.

APOZÊME FEBRIFUGE.

PRENEZ *quinquina concaſſé, une demi-once*; *ſéné & ſel cathartique amer, de chaque deux gros*: faites bouillir *dans une pinte d'eau*: un peu de tems avant que de retirer cette décoction du feu, ajoûtez *une demi-poignée de ſommités de petite centaurée*, & *une poignée de feuilles de chico-*

rée ſauvage : paſſez : ajoûtez à la colature *deux onces de ſyrop de gentiane.*

N°. 4.

APOZÊME VERMIFUGE.

PRENEZ *mercure crud, une demi-livre*, dont vous ferez un nouet, *racine de fougére mâle, une once; racine d'aulnée, deux gros*; faites bouillir dans une pinte d'eau. Un peu de tems avant que de retirer cette décoction du feu, ajoûtez *ſommités de tanaiſie & d'aurone, de chaque une demi-poignée* : paſſez : ajoûtez à la colature *deux onces de ſyrop d'abſynthe.*

LAVEMENS.

N°. 1.

LAVEMENT NOURRISSANT.

PRENEZ *de bon bouillon, une livre; bon vin, un verre; deux* jaunes d'œufs : mêlez : [pour un clyſtére.]

N°. 2.

LAVEMENT RAFRAICHISSANT.

PRENEZ *petit-lait* ou *décoction d'orge*, *une livre*; *nitre purifié*, *deux gros*; *miel rosat*, *une once*: mêlez.

N°. 3.

LAVEMENS ADOUCISSANS.

PRENEZ *eau de poulet*, *une chopine*; *beurre frais*, ou *huile d'amandes douces*, *deux onces*: mêlez.

AUTRE.

PRENEZ *une tête de mouton*, dont vous ôterez la langue & la cervelle, concassez le reste: faites-la bouillir dans un peu plus d'une chopine d'eau.

AUTRE.

PRENEZ *bouillon de tripes*, *une chopine*; *huile d'amandes douces*, ou *miel rosat*, ou *beurre frais*, *deux onces*. On peut aussi employer à cet usage *le bouillon de tripes seul, avec un ou deux jaunes d'œufs.*

No. 4.

LAVEMENS CARMINATIFS.

PRENEZ *fleurs de camomille, deux poignées; baies de laurier, deux gros*: faites bouillir *dans une chopine d'eau*: passez: ajoûtez à la colature *une demi-once d'huile de laurier*: mêlez.

AUTRE.

PRENEZ *feuilles de mercuriale, une poignée; fleurs de camomille & de mélilot, de chaque une demi-poignée; semences d'anis, un gros*: faites bouillir *dans une chopine d'eau*: passez: ajoûtez à la colature *une once d'électuaire de baies de laurier.*

No. 5.

LAVEMENS ANODYNS.

PRENEZ *feuilles de guimauve & de bouillon-blanc, de chaque une poignée ; têtes de pavot blanc contuses, deux gros ; graine de lin, une once* : faites bouillir dans *une chopine d'eau* : passez : ajoûtez à la colature *deux onces d'huile d'amandes douces.*

AUTRE.

PRENEZ *lait de vache, un peu moins d'une chopine ; jaunes d'œufs, deux ou trois* : mêlez : ajoûtez *une once de syrop de pavot blanc.*

No. 6.

LAVEMENT ASTRINGENT.

PRENEZ *écorce de grenade, une demi-once ; roses rouges, une demi-poignée* : faites bouillir dans une *chopine de lait de vache* : passez : délayez dans la colature *trois gros d'électuaire diascordium.*

No. 7.

LAVEMENT LAXATIF.

PRENEZ *casse en bâtons concas-*

ſés, ſix onces; feuilles de violettes & de mauve, de chaque une poignée: faites bouillir dans une ſuffiſante quantité d'eau, & réduire à une chopine: paſſez.

FOMENTATIONS.

No. 1.

FOMENTATION EMOLLIENTE.

PRENEZ *feuilles de guimauve & de pariétaire, de chaque trois poignées; fleurs de camomille, une poignée*: faites bouillir dans une ſuffiſante quantité d'eau, & réduire à deux pintes.

No. 2.

FOMENTATION CALMANTE.

PRENEZ *têtes de pavot, une once; fleurs de ſureau, une poignée*: faites-les bouillir dans une pinte & demie d'eau, que vous réduirez à une pinte: paſſez.

No. 3.

FOMENTATION FORTIFIANTE.

PRENEZ *feuilles de laurier, une poignée ; sommités de sauge, de romarin & de thym, de chaque une demi-poignée ; sel ammoniac, deux gros* : mettez infuser chaudement, l'espace d'une nuit, dans une *suffisante quantité de vin rouge*, de maniére qu'il *en reste une pinte.*

POTIONS PURGATIVES.

No. 1.

PRENEZ *pulpe de tamarins, deux onces ; nitre, deux gros* : faites bouillir peu de tems dans *dix onces d'eau* : passez : faites fondre dans la colature *trois onces de manne* ; [pour une Potion en deux prises.]

No. 2.

PRENEZ *casse en bâtons concassés, trois onces ; tamarins, une on-*

ce: faites bouillir *dans quinze onces d'eau* : passez : faites fondre dans la colature *deux onces de manne*, & délayez *une once de syrop violat*. On fera deux doses égales.

No. 3.

PRENEZ *séné, deux gros; rhubarbe concassée & tartre soluble*, de chaque un gros : faites bouillir dans une suffisante quantité d'eau, & réduire à six onces : passez : ajoûtez à la colature *deux onces de manne*; [pour une Médecine qui se prendra en une fois.]

No. 4.

PRENEZ *séné, deux gros; tamarins, une demi once; sel de prunelle, un gros* : mettez infuser, puis faites bouillir dans *six onces d'eau* : passez : faites fondre dans la colature *deux onces de manne*; [pour une Médecine qui se prendra en une fois.]

No. 5.

PRENEZ *crême de tartre, deux gros*; faites dissoudre dans *suffisante quantité d'eau bouillante*; faites-y fondre *deux onces de manne*: passez: clarifiez la colature avec du blanc d'œuf: ajoutez-y *une once de suc de limons*: mêlez; [pour prendre en une fois.]

CHAPITRE III.

Du Petit-Lait.

(*) ON choisit le meilleur lait & le plus nouveau trait qu'il soit possible d'avoir. On en prend plus ou moins, suivant la quantité de petit-lait qu'on se propose de faire: on le met bouillir sur le feu, & afin de le faire tourner, on y jette, à mesure qu'il commence à bouillir, un peu de crême de

(*) *Gazette salutaire*, an. 1761, n°. 22, col. 7.

tartre, plus ou moins, ſelon qu'on s'apperçoit qu'il en faut pour le faire tourner ; car il y a des laits qui ſe caillent plus aiſément que d'autres ; mais le plus communément, il faut une demi-once de crême de tartre pour faire cailler une pinte de lait ſur le feu. Pour mieux réuſſir, on ne jette cette crême de tartre dans le lait, qu'au moment qu'il eſt prêt à bouillir ; & on le remue bien avec une cuiller, juſqu'à ce qu'il faſſe du caillebot ou fromage. Pour lors on ôte le lait du feu, & on le paſſe à travers un linge blanc, pour en ſéparer la partie caſéeuſe. Enſuite on laiſſe refroidir la liqueur environ un bon quart-d'heure : puis on prend, pour chaque pinte de petit-lait, quatre blancs d'œufs, que l'on bat bien, de maniére qu'ils ne faſſent plus qu'une écume blanche. On jette ces blancs d'œufs ainſi battus dans le vaiſſeau où eſt le lait, & on le remet bouillir une ſeconde fois environ quatre ou cinq minutes. Quand il aura bouilli, il sera clair, supposé qu'on l'ait bien fait tourner la premiére fois. On le laisse ensuite un peu reposer & refroidir; puis on le passe à travers un tamis dans lequel on a mis deux feuilles de papier brouillard; le petit-lait y filtre peu-à-peu, & pour ainsi dire, goutte à goutte : on peut, si l'on veut, le passer à travers un entonnoir, où on aura pareillement mis deux feuilles de papier. Après cette opération, le petit-lait ressemble à de l'eau de roche par sa limpidité, & il est tel qu'il le faut pour les Malades.

[*] Tous les Acides, soit végétaux, soit minéraux, ont la propriété de cailler le lait [**]. Mais il y a beaucoup d'autres substances qui n'ont aucune proptiété Acide, & qui néanmoins caillent le lait aussi

---

[*] *Baumé*, *Elémens de Pharmacie*.

[**] Les Acides végétaux sont le *vinaigre*, le *verjus*, le *suc de citron*, &c. Les Acides minéraux sont l'*esprit de vitriol*, de *nitre*, de *sel*, l'*alun*, &c.

bien. Telles ſont les *Gallium* à fleurs blanches & jaunes ; les fleurs de preſque tous les chardons ; la membrane intérieure du géſier des volailles ; les matiéres qu'elles renferment ont encore la même propriété. Mais on emploie par préférence les fleurs de l'artichaud nommé Chardonnette : cette ſubſtance végétale eſt très-propre pour préparer le petit-lait, lorſque le Médecin qui l'ordonne, trouve que les acides pourroient être contraires au Malade.

La méthode de cailler le lait avec les fleurs de chardonnette, eſt fort ſimple. On prend vingt-quatre ou trente grains peſant de fleurs de chardonnette, qu'on fait infuſer pendant un quart-d'heure dans deux onces d'eau bouillante ; on paſſe enſuite cette infuſion, avec forte expreſſion, & on la mêle avec environ une pinte de lait : on procède enſuite, pour le reſte de l'opération, de la même maniére que je l'ai dit plus haut.

CHAPITRE IV.

Préparations de la Limonade, de l'Orangeade, de l'Eau ſucrée, de l'Hydromel & de l'Emulſion.

LIMONADE.

PRENEZ *deux citrons*, battez les bien avec le manche d'un couteau juſqu'à ce qu'ils ſoient très-mols, coupez-les par la moitié pour en exprimer le ſuc dans *une pinte d'eau*; ajoûtez-y *quatre onces de ſucre*; verſez cette eau d'un vaiſſeau dans un autre cinq à ſix fois, & vous en ſervez.

On fera bouillir cette limonade, ſi cela a été preſcrit: alors on la nomme limonade cuite.

ORANGEADE.

L'orangeade ſe prépare comme la limonade, excepté qu'au lieu de citron, on prend *deux oranges pour une pinte d'eau*.

EAU SUCRÉE.

PRENEZ *quatre onces de ſucre blanc*; faites-le fondre dans *une pinte d'eau* ; battez cette eau d'un vaiſſeau dans un autre, & ſervez.

HYDROMEL ou EAU MIELLÉE.

PRENEZ *miel blanc ou de Narbonne*, *deux onces* ; *eau*, *une pinte*. Faites tiédir l'eau, puis y diſſolvez le miel.

EMULSION.

PRENEZ *des quatre ſemences froides*, *mondées*, *quatre onces* ; *amandes douces*, *également mondées*, une demi-douzaine.

Ecraſez d'abord les ſemences & les amandes, dans un mortier à ſec ; & verſez-y d'abord une ou deux cuillerées d'eau. Continuez à piler, & à verſer peu-à-peu toute l'eau que vous avez à employer, qui doit être d'une pinte : paſſez. Ajoutez-y enſuite une once de ſucre, &

le ſyrop, le ſel ou les eaux diſtillées, ſi le Médecin en a preſcrit.

CHAPITRE V.

Maniére d'extraire les Sucs des Plantes.

(*) LORS-qu'on veut tirer le ſuc d'une plante, on la prend récemment cueillie; on la nétoie des herbes qui lui ſont étrangéres; on la lave, ſi elle ſe trouve ſalie par de la terre ou par de la pouſſiére; on la laiſſe égoutter; on la coupe groſſiérement; on la pile dans un mortier, juſqu'à ce qu'elle ſoit ſuffiſamment écraſée: & on l'exprime, après l'avoir renfermée dans un gros linge, que l'on tord très-fortement.

Les plantes ligneuſes, comme *l'euphraiſe*, *la ſauge*, *le thym*, *la petite centaurée*, *les bois*, *les raci-*

(*) *Baumé, Elémens de Pharmacie.*

nes , *les écorces* , dans quelque état de maturité qu'on les prenne, exigent qu'on ajoûte un peu d'eau en les pilant, à cause de leur sécheresse.

La bourrache, *la buglose*, *les chicorées*, *&c.* exigent la même attention, lorsqu'elles ne sont pas très-tendres : parce que, lorsqu'elles sont dans leur maturité, elles fournissent un suc trop visqueux.

Il y a un grand nombre d'autres végétaux, qui fournissent leur suc sans addition d'eau lorsqu'on les pile ; tels sont *le cerfeuil*, *la laitue*, *le pourpier*, *l'oseille*, *le cresson*, *le cochléaria*, *le bécabunga*, *l'ortie*, *les joubarbes* ; la plupart des fruits, comme *les melons*, *les concombres*, *les citrons*, *les oranges*, *les cerises*, *les groseilles*, *&c.* *&c.*

Lorsqu'on veut tirer le suc des fruits, on ôte d'abord les écorces de ceux qui en ont de trop épaisses, comme celles des melons, des concombres, &c. On laisse les peaux aux cerises, aux groseilles, aux prunes, aux pêches, &c.

Voila, en général, de quelle maniére on peut obtenir les sucs des végétaux; un détail plus circonstancié seroit inutile ici. Je passe à ce qui concerne la clarification des sucs.

Tous les sucs des plantes qui ne contiennent rien de volatil, comme sont ceux *de bourrache*, *de buglose*, *de chicorée*, *d'ortie*, *de pariétaire*, *&c.* peuvent être clarifiés sur le feu avec des blancs d'œufs. *Voyez ce qui est dit au Chapitre du Petit-Lait*; l'opération est la même, excepté qu'il ne faut que deux blancs d'œufs pour chaque pinte de suc qu'on veut clarifier.

Les sucs des plantes *aromatiques*, comme ceux *de sauge*, *de mélisse*, *de marjolaine*, *&c.* ainsi que ceux des plantes *anti-scorbutiques*, & généralement ceux de toutes les plantes *qui ont de l'odeur*, comme le *cerfeuil*, *&c.* doivent être clarifiés ſans le ſecours des blancs d'œufs: voici comment :

On remplit environ les 3 quarts d'une bouteille de verre mince, de ſuc de cerfeuil, par exemple, tout récemment exprimé : on bouche l'ouverture avec du parchemin mouillé, qu'on aſſujettit avec du fil: on échauffe la bouteille, en la plongeant dans de l'eau preſque bouillante : on la retire de tems en tems pour l'échauffer par dégrés : à meſure que la liqueur s'échauffe, le parenchyme mucilagineux ſe coagule & reſte en grumeaux dans le ſuc : lorſqu'il eſt bien ſéparé, on refroidit la bouteille & ce qu'elle contient, en la plongeant par dégrés dans de l'eau froide : lorſque le ſuc eſt entiérement refroidit, on le filtre à travers le papier gris. Il eſt bien eſſentiel de ne filtrer ces ſucs que lorſqu'ils ſont entiérement refroidis, ſans quoi la chaleur feroit diſſiper une grande partie de leurs principes volatils.

Il y a plusieurs plantes qui fournissent des sucs si peu mucilagineux, qu'ils se clarifient d'eux-mêmes & sur le champ : tels sont, par exemple, les *sucs de joubarbe*, de *concombre sauvage*, &c. il suffit de les filtrer immédiatement après qu'ils sont exprimés.

CHAPITRE VI.

Des Cataplasmes.

LE cataplasme est un médicament mou, d'une consistance à-peu-près semblable à celle de la bouillie, fait pour être appliqué à l'extérieur ; on peut faire entrer dans sa composition, des pulpes de plantes, de racines, des huiles, des onguens, des emplâtres, &c.

Les cataplasmes sont quelquefois faits avec des plantes récentes pilées & réduites en pulpe. Les véhicules des cataplasmes, sont l'eau, le lait, le vin, les eaux distillées, &c.

N° 1.

CATAPLASME ANODYN.

PRENEZ *mie de pain très-blanc fraîsée, une livre; lait de vache, quantité suffisante*: faites bouillir en remuant continuellement: ajoûtez, sur la fin, *un jaune d'œuf*, & *un demi-gros de safran* réduit en poudre très-fine: faites cuire en remuant.

N°. 2.

CATAPLASME EMOLLIENT.

PRENEZ *feuilles de mauve, de pariétaire, de violettes & de guimauve, de chaque deux poignées; fleurs de camomille, une poignée*: faites bouillir dans une suffisante quantité d'eau, jusqu'à ce que les plantes soient réduites en bouillie: passez par un tamis de crin, & remettez le mêlange sur le feu, jusqu'à ce qu'il ait acquis, par l'évaporation, la consistance d'un cataplasme.

N°. 3.

CATAPLASME REPERCUSSIF.

PRENEZ *feuilles de morelle*, *de laitue & de plantain*, *de chaque une poignée*; *feuilles de joubarbe*, *une demi-poignée*, faites bouillir le tout dans une *quantité suffisante d'oxycrat* : ajoutez ensuite, *farine de fèves*, *trois gros*; *onguent rosat*, *deux onces* : *melez*.

CHAPITRE VII.

Des Suppositoires.

LES suppositoires sont des médicamens qui doivent avoir à-peu-près la consistance des emplâtres; ils sont de figure conique, gros & longs à-peu-près comme le doigt; ils sont faits pour être introduits dans l'anus, afin d'exciter un relâchement & provoquer les selles : à cet égard ils tiennent lieu de lavemens à ceux qui ne peuvent en prendre. On fait aussi des suppo-

suppositoires calmans, anodyns, &c.

N°. 1.

SUPPOSITOIRE IRRITANT.

PRENEZ *du miel commun, deux onces; sel marin, un gros*: faites cuire le tout à un feu lent, jusqu'à ce que le miel ait acquis une consistance solide: puis donnez la forme au suppositoire.

N°. 2.

SUPPOSITOIRE ANODYN.

PRENEZ *de la graisse de cerf, deux gros; de la cire blanche, un gros; de la céruse, douze grains; de l'opium, trois grains*: mêlez le tout, & en faites un suppositoire.

N°. 3.

SUPPOSITOIRE ASTRINGENT.

PRENEZ *mastic & sang-dragon, de chaque, un scrupule; semences de sumach pulvérisées, douze grains*: mêlez le tout avec une suffisante quantité de miel cuit; (pour un suppositoire.)

Nota. On peut faire des suppositoires *irritans* avec les côtes de poirée, de chou pommé, le ſavon, le fromage ſalé, &c. On fait des ſuppoſitoires *adouciſſans* avec le lard frais, le beurre de cacao, le ſuif, &c.

CHAPITRE VIII.

Avis ſalutaire aux Gardes-Malades.

Les Gardes ſont ſans ceſſe expoſées aux malignes influences, qui s'exhalent des Malades qu'elles gouvernent, qui étant jointes aux veilles & aux fatigues inſéparables de cet état, altérent leur ſanté & les mettent ſouvent dans le cas de ne pouvoir gagner leur ſubſiſtance. Le bien qu'elles procurent à l'humanité ſouffrante, aux dépens de leur vie, eſt (ce me ſemble) un motif bien capable d'engager les Parens des Malades à avoir quelques égards pour elles. On ne peut payer par trop de bonté & d'attention les dangers auxquels elles s'expoſent. Voici les précautions qu'elles doivent prendre, pour conſerver leurs jours.

1°. Les Gardes ne prendront de nourriture, que quand elles y seront sollicitées par la faim.

2°. Les alimens dont elles feront usage, seront assaisonnés de vinaigre : elles mangeront le moins de viande qu'il leur sera possible ; les légumes, les herbes, les fruits seront préférables.

3°. Leur boisson, pendant les repas, sera de l'eau & du vin. Et hors les repas, il seroit bon qu'elles bussent quelques verres d'eau mêlée avec une suffisante quantité de syrop de vinaigre.

4°. Les Gardes prendront leurs repas hors l'appartement des Malades, & n'y rentreront qu'une ou deux heures après. Elles emploieront ce tems à se promener dehors. Avant de s'absenter, elles auront la précaution d'indiquer à une personne entendue ce qu'il y aura à faire pendant leur absence.

5°. Lorsque la maladie exigera que les Gardes veillent toute la nuit, elles prendront, vers les minuit ou plus tard, un bouillon, dans lequel elles delayeront un œuf frais & une cuillerée de vinaigre, ou un demi-verre de vin; ce restaurant convient mieux pour le moment, que des alimens solides. Elles passeront la nuit dans un fauteuil brisé, sur un canapé, une chaise-longue, &c. afin de prévenir l'engorgement de leurs jambes.

6°. Les Gardes n'approcheront leur visage de celui des Malades que dans une absolue nécessité, & alors elles auront l'attention de ne point avaler leur salive.

7°. Enfin lorsque les Gardes s'appercevront que l'appétit leur manquera, que leur bouche deviendra pâteuse, que leur langue se chargera, *&c. &c.* elles consulteront quelques personnes de l'art, sans temporiser: car vivant dans un air mal-sain, elles ont plus besoin que d'autres, de travailler promtement à détruire le germe des maladies.

FIN.

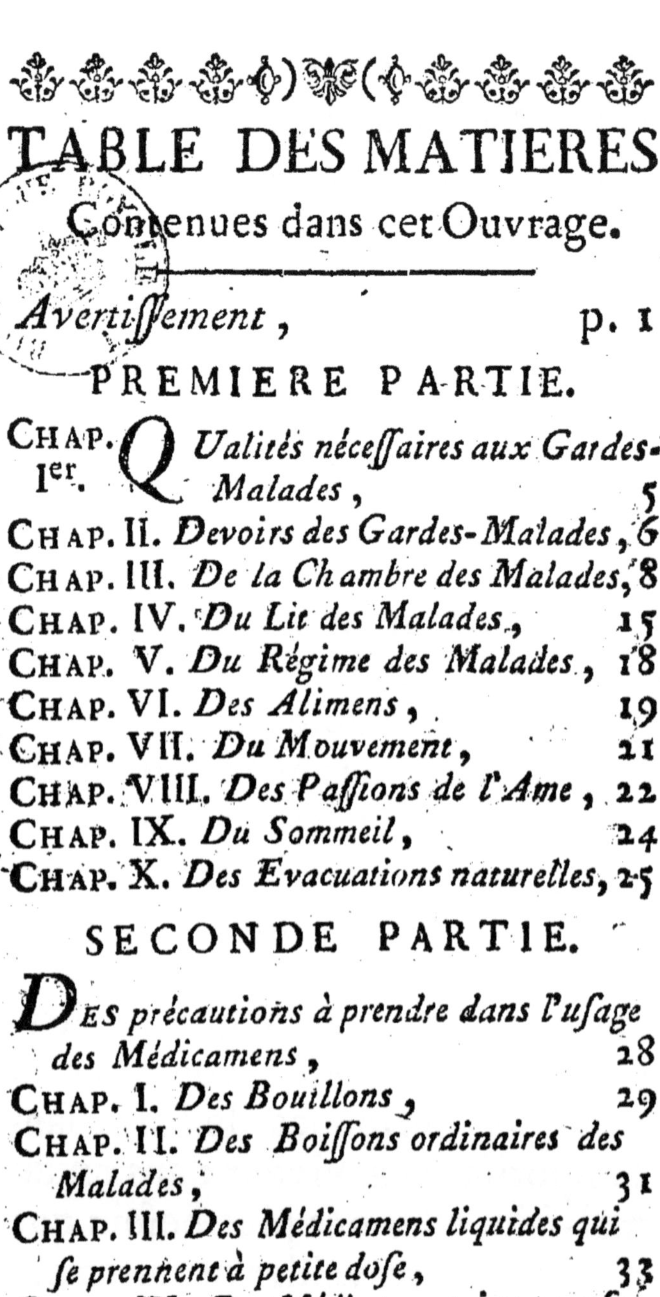

TABLE DES MATIERES

Contenues dans cet Ouvrage.

TROISIEME PARTIE.

QUATRIEME PARTIE.

BOUILLONS.

TISANES.

APOZÊMES.

LAVEMENS.

FOMENTATIONS.

POTIONS PURGATIVES.

FIN de la Table.

www.ingramcontent.com/pod-product-compliance
Ingram Content Group UK Ltd.
Pitfield, Milton Keynes, MK11 3LW, UK
UKHW020117240726
13926UKWH00011B/1654

9 782016 177440